Cristianismo Místico
Las Enseñanzas Internas del Maestro

Yogi Ramacharaka

Título original:
Mystic Christianity, or the Inner Teachings of the Master
Traducción: Federico Climent Terrer
Maquetación y diseño de portada: Vanesa Diestre
Imágenes de portada Shutterstock: Zvonimir Atletic (Bartolommeo Caporali: Madonna y niño con San Francisco y Bernardino, colección de los viejos maestros, Academia de Ciencias croata. Zagreb, Croacia)

La presente edición es propiedad de
Ediciones Abraxas
Apdo. de Correos 24.224
08080 Barcelona, España
E-mail: abraxas.s@btlink.net

Impreso en España / *Printed in Spain*
ISBN: 978-84-15215-29-5
Depósito legal: B 3198-2017

Cristianismo Místico
Las Enseñanzas Internas del Maestro

Yogi Ramacharaka

EDICIONES ABRAXAS

Índice

Lección I

La venida del Maestro
El precursor

Rumores extraños llegaban hasta Jerusalén a oídos de sus habitantes. Expandíase la voz de que en el desierto de la Judea septentrional, sobre las riberas del Jordán, había aparecido un nuevo profeta que enseñaba doctrinas sorprendentes, semejantes a las de los profetas antiguos. Su exhortación, «Arrepentíos, que el reino de los cielos se acerca», despertaba recuerdos de los antiguos instructores de Israel, y las gentes del vulgo se miraban unos a otros con asombro y las clases directoras fruncían el ceño y se miraban gravemente al oír el nombre de quien hablaba así.

Al hombre a quien las gentes del vulgo calificaban de profeta y los primates motejaban de impostor, se le llamaba Juan el Bautista, y moraba en el desierto, alejado de la turbulencia de la gente. Vestía a la manera de los ascetas nómadas, cubría el cuerpo con una piel de camello no curtida, ceñida a la cintura por una grosera correa de cuero. Su dieta, sencilla y sobria, se componía de langosta[1] y miel silvestre.

Era Juan, a quien apellidaban «el Bautista», hombre de alta estatura, delgado pero robusto, nervioso y de ruda complexión. El sol y los vientos de la intemperie habían atezado su cutis. Su larga cabellera negra caíale flotante sobre los hombros, y cuando hablaba se agitaba como melena de león. Su barba era vasta y enmarañada. Sus ojos relucían como carbones encendidos e inflamaban el alma de cuantos le escuchaban. Se reflejaba en su rostro el ardimiento religioso de quien ha venido con un mensaje para el mundo. Envolvía sus enseñanzas en muy vigorosas palabras este selvático profeta, pues era sumamente enérgico. Su mensaje estaba exento de primores retóricos y de sutilezas de argumentación. Fulminaba sobre la multitud, derechamente, los rayos de su palabra cargada con la energía y el fervor dimanante de sí mismo, con tal vitalidad y magnetismo, que estallaba en medio del auditorio como una chispa eléctrica, haciendo caer a las gentes de rodillas e infundiéndoles la verdad con la violencia de un explosivo. Manifestaba que el grano iba a ser entrojado en los alfolíes y consumida la paja por fuego tan ardiente como el de un horno, y que abatiría la segur de los árboles que no dieran fruto. Se acercaba en realidad para sus oyentes y secuaces el «Día del Señor prometido desde hacía tanto tiempo por los profetas».

Muy pronto reunió Juan a su alrededor un número grande de prosélitos, pues las gentes acudían en tropel para escucharle desde todos los puntos del país, incluso de Galilea. Comenzaron a conversar sus prosélitos entre ellos, y se preguntaban si no sería aquel hombre el Maestro prometido desde hacía tan largo tiempo, el Mesías que todo Israel había esperado durante siglos. Estos comentarios, fueron oídos por el profeta, quien en una de sus pláticas contestó a ellos: «Viene uno más poderoso que yo, de quien no soy digno de desatar la correa de su calzado». Llegaron a saber así sus discípulos y cuantos lo escuchaban sin verlo, que él, aunque potente predicador, sólo era el heraldo de otro mucho mayor que él, que le seguiría; o sea, que Juan era el precursor del Maestro, conforme a la alegoría oriental que representaba al heraldo de los magnates sentado en la delantera de la carroza de su señor, indicando en alta voz a las gentes que se agolpaban en el trayecto, que abriesen paso, porque venía el magnate y gritaba repetidamente: «Abrid paso, abrid paso para el Señor».

Se agitaron en consecuencia nuevamente los discípulos de Juan al escuchar esta promesa de la venida del Señor, del Maestro, que quizá fuese el Mesías de los judíos, y difundieron la nueva rápidamente por las comarcas cercanas, de manera que muchísimos más se acercaron a Juan y aguardaron con él la venida del Maestro.

Juan el Bautista había nacido en las montañas de Judea unos treinta años antes de su aparición como profeta. Su padre pertenecía a la casta sacerdotal que servía en el templo de Jerusalén, y ya muy viejo vivía con su mujer, de edad provecta también, retirado del ruido del mundo, en espera del que había de venir para todos los hombres por igual. Sin que lo esperaran, ya en su vejez tuvieron por especial favor de Dios un hijo al que pusieron el nombre de Johanan, que significa en hebreo «gracia del Señor».

Fue educado Juan en casa de sus padres, y saturóse de las esotéricas enseñanzas reservadas para unos pocos y que se encontraban retraídas del conocimiento de las masas. Le descubrió su padre los secretos escondidos de la Cábala, aquel sistema hebreo de ocultismo y misticismo en el que estaban tan versados los primates del sacerdocio judío; y nos dice la tradición oculta que Juan fue iniciado en el Círculo Esotérico de los místicos hebreos, integrado solamente por sacerdotes de cierta categoría y por sus hijos. Juan alcanzó a ser místico y ocultista. Al llegar a su pubertad, salió de la casa paterna y se fue al desierto «mirando a Oriente, de donde viene la Luz». Dicho de otra manera, se convirtió en asceta y moró en el desierto, de la misma suerte que aun hoy en día los jóvenes hijos de brahmán en la India dejan su casa, los halagos y comodidades de la vida y se van al yermo, por donde durante años enteros vagan como ascetas, vestidos sencillamente y alimentados con frugalidad, para desenvolver su conciencia espiritual. Juan permaneció recluido hasta que a la edad de treinta años, salió del yermo para predicar la «venida del Señor», obedeciendo a los impulsos del Espíritu. Consideremos qué fue y qué hizo en los quince años de su vida en el desierto y en aquellos apartados parajes de Judea.

Las tradiciones conservadas por los ocultistas acerca de los esenios, guardadas por los ocultistas, enseñan que en los días en que Juan observó vida ascética se compenetró bien de las enseñanzas de aquella Fraternidad Oculta de los esenios, y que profesó la Orden después del noviciado, llegando a grados superiores que sólo se conferían a los iniciados de espiritualidad muy elevada y evidente poder. Se dice que niño aún reclamó y demostró su derecho a ser iniciado en los misterios de la Orden, por lo cual se le tuvo por la reencarnación de uno de los antiguos profetas hebreos.

Los esenios

Eran los esenios una oculta Fraternidad hebrea ya existente desde muchos siglos antes de la época de Juan. Tenían su sede en la costa oriental del Mar Muerto, aunque su influencia se extendía por toda Palestina y en todos los desiertos moraban sus ascéticos hermanos. Muy estrecha era la regla de la Orden y sus ritos y ceremonias de muy superior grado oculto y místico. El neófito había de pasar un año de postulante y después dos de noviciado antes de profesor. Necesitaba pasar algún tiempo para ascender de grado y para los superiores se exigía, además del tiempo, positivo conocimiento, poder y obras concretas. Como en todas las genuinas órdenes ocultas, el candidato debía «lograr su propia salvación», pues de nada absolutamente valían el favor ni el dinero. Tanto el neófito como el iniciado y el maestro de grado superior debían absoluta obediencia a las reglas de la Orden, absoluta pobreza de bienes materiales y absoluta continencia sexual. Así se comprende la repugnancia que las solicitaciones amorosas de Salomé inspiraron a Juan, quien prefirió perder la vida antes de romper los votos de su Orden.

Una de las ceremonias de los esenios era el bautismo, que literalmente significaba «inmersión en agua», y se administraba a los novicios con solemne ritual. El místico significado de la ceremonia, que aún hoy comprenden todas las órdenes ocultas, formaba parte del ritual de los esenios, como peculiar característica de su orden. La práctica del bautismo por Juan durante su ministerio y su posterior adopción por la Iglesia cristiana, aunque hoy día se ha substituido por el derrame del agua en sólo la cabeza del niño, constituye un evidente enlace entre los esenios y el cristianismo, en el que imprime firmemente el sello del misticismo y ocultismo, a pesar de que la generalidad de las gentes no lo admitan, llevadas de su ignorancia y materialistas propensiones.

Los esenios creían y enseñaban la doctrina de la reencarnación, la inmanencia de Dios y muchas otras verdades ocultas, cuyas huellas aparecen constantemente en las enseñanzas cristianas, según veremos en el transcurso de estas lecciones. Por mediación de su egregio hermano Juan el Bautista, la Orden transmitió sus enseñanzas a la primitiva Iglesia cristiana, injertándose así permanentemente en una nueva planta religiosa que a la sazón aparecía en el escenario del mundo. Y aún existen las ramas injertadas.

Desde luego que la verídica historia de la real conexión entre los esenios y el cristianismo sólo se puede hallar en las tradiciones de los esenios y otras antiguas órdenes místicas. Muchas de estas tradiciones no se han impreso jamás, sino que se han ido transmitiendo de maestro a discípulo en el transcurso de los siglos hasta nuestros días entre las fraternidades ocultas. Mas para demostrar que nada afirmamos sin evidente comprobación, remitimos al lector a la *Nueva Enciclopedia Internacional*, que en el artículo «Esenios», dice así:

«Es una interesantísima cuestión averiguar cuánto debe el cristianismo a los esenios. Parece que hubo motivo de definido contacto entre Juan el Bautista y dicha Fraternidad, pues se preparó en el desierto cercano al Mar Muerto. Su predicación sobre la rectitud de conducta y la justicia respecto del prójimo eran enseñanzas esenias, mientras que su insistencia acerca del bautismo estaba de acuerdo con la importancia que los esenios daban a las purificaciones.»

El mismo artículo dice que la Fraternidad de los esenios enseñaba una cierta opinión relativa al origen, actual estado y futuro destino del alma, a la que consideraban preexistente y encerrada en el cuerpo como en una cárcel.

Juan salió del desierto cuando contaba unos treinta años de edad, dando comienzo a su ministerio que ejerció durante algunos años, hasta su decapitación por orden de Herodes. Reunió en torno suyo a una numerosa multitud, compuesta en un principio de gentes de clase humilde, pero que más adelante contuvo personas de las clases altas de la sociedad. Con sus más adelantados oyentes formó un cuerpo de discípulos con reglas referentes al ayuno, el culto, el ceremonial, el rito, etc., análogas a los que observaban los esenios. Esta corporación subsistió hasta la muerte de Juan, y entonces se fusionó con los discípulos de Jesús y tuvo señalada influencia en la primitiva Iglesia cristiana.

Según dijimos, uno de los principales requisitos que exigía Juan de sus discípulos era el bautismo, el rito esenio, del cual derivó el familiar apelativo de «Bautista».

Pero conviene recordar que para Juan era el bautismo una sacratísima, mística y simbólica ceremonia cuyo profundo significado oculto no comprendían muchos de los que a él acudían con fervorosa emoción religiosa y lo consideraban *ingenuamente* como una ceremonia mágica que «lavaba los pecados de su alma», como lavaba la suciedad de sus cuerpos, creencia que aún parece predominar entre la multitud.

Juan trabajaba diligentemente en su misión, y los «bautistas» o «discípulos de Johanan», como ellos se llamaban, aumentaron rápidamente. Sus reuniones eran acontecimientos muy emocionantes para los millares de gentes que se congregaban de toda Palestina para ver y oír al profeta del desierto, al esenio que había salido de su retraimiento.

En sus reuniones solían acontecer cosas extrañas, como conversiones repentinas, visiones, éxtasis, etc., y algunos aducían desacostumbrados poderes y facultades. Pero un día se celebró una reunión que iba a tener fama mundial. Fue el día en que se acercó a Juan el Bautista el Maestro, de cuya venida había recibido Juan frecuentes anuncios y promesas. Jesús el Cristo apareció en escena y encaróse con su precursor.

La tradición refiere que Jesús llegó sin anunciarse y sin que ni Juan ni las gentes lo reconocieran. El Precursor ignoraba la índole y grado de su huésped y solicitante del Bautismo. Aunque eran primos, no se habían vuelto a ver desde la niñez, y de pronto no reconoció Juan a Jesús. Las tradiciones de las órdenes místicas añaden que entonces dio Jesús a Juan los varios signos de las ocultas fraternidades a que ambos pertenecían, empezando por los signos del grado inferior y siguiendo hasta uno que aún no poseía Juan, a pesar de tenerlo muy alto entre los esenios. De ello infirió Juan que no era aquel hombre un vulgar solicitante de bautismo, sino, por el contrario, un adepto místico de muy alto grado, un Maestro oculto superior a él en categoría y evolución.

Entonces le dijo Juan a Jesús que no era propio ni estaba de acuerdo con las costumbres de las fraternidades que el inferior bautizase al superior.

El Nuevo Testamento se refiere a este suceso en las palabras siguientes: «Mas Juan se le oponía, diciendo: "Yo necesito ser bautizado por ti, ¿y tú vienes a mí?"». (Mateo 3, 14)

Pero Jesús insistió en que Juan lo bautizase, diciendo que quería pasar por aquella ceremonia con objeto de estampar en ella su aprobación y demostrar que se consideraba como un hombre entre los hombres y que iba a vivir la vida de los hombres.

Tanto las tradiciones ocultas como el Nuevo Testamento afirman que siguió al bautismo un místico acontecimiento, pues el Espíritu de Dios se posó en Jesús como una paloma, y hubo una voz de los cielos que decía:

«Este es mi Hijo amado, en quien tengo complacencia».

En aquel momento quedó cumplida la misión de Juan el Bautista como precursor, porque el *Maestro* había aparecido para emprender su obra.

El Maestro

Volvamos ahora las páginas del Libro del Tiempo hasta treinta años atrás de los sucesos que acabamos de referir. Consideremos los acontecimientos aledaños al nacimiento de Jesús, a fin de señalar las místicas y ocultas fuerzas operantes desde el principio del cristianismo.

En estos treinta años ocurrieron sucesos de suma importancia. Empecemos por el místico relato de Jesús el Cristo, tal como al neófito de cada orden oculta se lo transmite el Maestro instructor, narrándole un suceso ocurrido un año antes del nacimiento.

Dice el Evangelio de San Mateo: «Cuando Jesús nació en Belén de Judea en días del rey Herodes, vinieron del Oriente a Jerusalén unos magos, diciendo: "¿Dónde está el rey de los judíos que ha nacido? Porque su estrella hemos visto en el Oriente, y venimos a adorarle".»

Estas sencillas palabras expresan un suceso que en mucho más extenso relato forma parte importante de las esotéricas enseñanzas de las fraternidades místicas y órdenes ocultas de Oriente, y que también conocen los miembros de las órdenes secretas afiliadas, del mundo occidental. La historia de Los Magos está encajada en las tradiciones de los místicos orientales, y bosquejaremos brevemente la que el hierofante relata al neófito y el gurú al chela.

Mas para comprender la historia es necesario saber lo que eran los Magos.

Los Magos o Sabios

Los traductores del Nuevo Testamento designaron con la frase «sabios de Oriente» a aquellos visitantes de lejos llegados; pero en el texto original griego, san Mateo los llama *magos*, según puede verse en las traducciones directas del original griego y en la versión revisada que cita la palabra griega en una nota al pie. Cualquiera enciclopedia de primer orden corroborará esta afirmación. La palabra magos es exactamente la empleada por san Mateo en el original griego en que escribió su evangelio, y la palabra «sabios» fue cosa de los traductores ingleses. Sobre este punto están de acuerdo todos los exégetas bíblicos, aunque el vulgo desconoce la relación y no identifica a los sabios con los magos orientales.

La palabra *mago* deriva literalmente del griego, que a su vez la tomó por sucesivas derivaciones de las lenguas de Persia, Media, Caldea y Asiria. Significa «el que hace prodigios» y se aplicó a los miembros de las ocultas órdenes sacerdotales de Persia, Media y Caldea, que fueron adeptos místicos y ocultos maestros. La historia antigua rebosa de referencias a estas corporaciones cuyos individuos fueron los seculares custodios del oculto conocimiento del mundo, y los inestimables tesoros de enseñanzas esotéricas que hoy posee la humanidad proceden de las manos de los magos, quienes guardaron los sagrados fuegos del misticismo y mantuvieron viva la llama. Al pensar en la tarea de los magos acuden a la memoria los versos de Eduard Carpenter, que dicen:

«¡Oh!, no dejéis extinguir la llama. Cuidadla siglo tras siglo en las oscuras criptas y en sus sagrados templos. Que, alimentada por puros místicos de amor, no se extinga la llama.»

El título de mago era tenido en muy alta estima en aquellos días, pero cayó más tarde en descrédito por su creciente aplicación a los hechiceros u operantes de obras malignas o de «magia negra». Sin embargo, la *Nueva Enciclopedia Internacional* dice acertadamente:

«El término está empleado por Mateo en su verdadero sentido aplicado a los sabios que de Oriente vinieron a Jerusalén para adorar a Cristo. Este suceso es muy significativo porque la doctrina mesiánica estaba desde muy antiguo establecida en el zoroastrismo.»

La misma *Enciclopedia* dice de los Magos que «creían en la resurrección, en la vida futura y en la venida de un Salvador».

Para comprender la índole de los magos en relación con su oculta taumaturgia, conviene estudiar la siguiente definición que Webster da de la palabra magia:

«La oculta sabiduría atribuida a los magos, respecto a las fuerzas ocultas de la naturaleza, cuyos secretos poseían y dominaban.»

Así se ve fácilmente con cuánta razón afirmamos que los sabios o magos que vinieron a adorar al niño Jesús eran en realidad representantes de las grandes fraternidades místicas y órdenes ocultas de Oriente, es decir, adeptos, maestros y hierofantes. Por lo tanto, tenemos en ellos los ocultos y místicos taumaturgos, los hermanos de alto grado de las grandes logias orientales de oculto misticismo, que aparecen en los albores de la historia de la cristiandad y denotan vivísimo interés por el mortal nacimiento del egregio Maestro, del Maestro de Maestros, cuya venida habían esperado por tanto tiempo. Y todos los místicos y ocultistas se complacen y justamente se enorgullecen de que los magos de Oriente, los enviados desde el centro de los místicos círculos esotéricos fuesen los primeros en reconocer la divina naturaleza de aquel humano infante. A los sedicentes cristianos, a quienes todo cuanto atañe al misticismo y ocultismo del cristianismo les duele, les llamamos la atención hacia este íntimo enlace entre los Maestros y el Maestro.

La Estrella de Oriente

Pero el relato místico comienza mucho antes de la visita de los Magos a Belén. Dijeron los magos: «¿Dónde está el rey de los judíos, que ha nacido? Porque su estrella hemos visto en el Oriente, y venimos a adorarle». ¿Qué significan las palabras: «hemos visto su estrella en Oriente?».

Para la mayoría de cristianos la «estrella de Belén». significa una refulgente estrella que de súbito apareció en el cielo como un faro de luz, que milagrosamente guió los pasos de los magos en su dilatado camino, hasta que se detuvo sobre la casa donde estaba el niño Jesús, a la sazón de edad de entre uno y dos años. Creen generalmente los cristianos que guió constantemente a aquellos hábiles místicos, ocultistas y astrólogos en su viaje desde el lejano Oriente, en el que tardaron cosa de un año, y que después los condujo a Belén, donde se detuvo sobre la casa de José y María. Lástima que durante tan largo tiempo haya oscurecido un hermoso suceso místico esta vulgar tradición de la ignorante multitud, y que por lo evidentemente inverosímil y anticientífica motivara la burla de millares de gentes respecto de la verdadera historia de la «estrella de Belén». A las tradiciones místicas les toca disipar las nubes de ignorancia que encubren esta hermosa historia y restablecerla en la mente de los hombres como un natural y científico suceso.

El error de la «estrella ambulante» deriva de las supersticiones y absurdas ideas de muchos cristianos de los tres primeros siglos posteriores a la muerte de Cristo. Estos cuentos se interpolaron en los manuscritos legados por los discípulos y mucho después se consideraron parte integrante de los auténticos evangelios y epístolas, aunque los modernos exégetas están depurándolos de tan groseras y caprichosas interpolaciones. Conviene advertir que los exégetas afirman que las más antiguas copias manuscritas del Nuevo Testamento datan de por lo menos tres siglos después de los escritos originales, de los que son *copias de copias*, indudablemente añadidas, alteradas y adulteradas por los copistas. Esta afirmación no es gratuita, sino plenamente comprobada por los exégetas y por la alta crítica, a cuyas obras remitimos a cuantos duden de nuestra afirmación.

La parte del versículo 9 del capítulo 2 de San Mateo, que dice: «Y he aquí la estrella que habían visto en el Oriente iba delante de ellos, hasta que, llegando, se detuvo sobre donde estaba el niño», es una caprichosa interpolación en la historia de los Magos, según saben las Órdenes místicas y ocultas a cuyas tradiciones y registros es contraria semejante interpolación, como también contraria a la razón y a las leyes científicas, habiendo sido causa del incremento de los llamados «infieles» que no pueden creer en tal patraña.

Toda persona inteligente sabe que una «estrella» no es un tenue punto centelleante en la llamada bóveda celeste, aunque así lo creyeran las gentes de la antigüedad y aún siguen creyéndolo hoy día los ignorantes. Las personas cultas saben que una «estrella» es, o bien un planeta de nuestro sistema solar, análogo a su hermana la Tierra, o bien potente sol, probablemente muchas veces mayor que nuestro sol y a millones de millones de kilómetros de distancia de nuestro sistema solar. Sabemos también que los planetas tienen invariables órbitas, y definido curso, con tal exactitud, que pueden predecirse sus movimientos con siglos de antelación o de postergación. Y asimismo sabemos que los lejanísimos soles y centros de sistemas solares análogos al nuestro tienen su lugar en el universo y sus universales relaciones y movimientos. Todos cuantos han estudiado siquiera los textos escolares de astronomía saben estas cosas, y, sin embargo, se les incita a que engullan el absurdo de la estrella que fue delante de los Magos durante cerca de un año, y al fin se detuvo sobre la casa de Jesús para señalar el término de la investigación. Compararemos ahora este anticientífico cuento con las tradiciones y leyendas de los místicos, y que cada cual escoja.

Si hubiera aparecido semejante estrella, seguramente que los antiguos historiadores mencionarían en sus textos el insólito acontecimiento, porque en aquel entonces había en Oriente sabios y eruditos, y era la astrología una ciencia cuidadosamente estudiada, por lo que es seguro que vieran la estrella y anotaran el suceso en sus escritos y lo mencionaran en sus tradiciones.

Pero no se encuentra ni la más remota alusión a tal estrella en la bibliografía de los pueblos de Oriente ni en los documentos de los astrólogos. En cambio, se ha conservado otra tradición, según vamos a ver.

En realidad, *hubo* una «estrella de Belén» que guió los pasos de los magos a la casa del niño Jesús. Tenemos las siguientes pruebas de ello:

1º Las tradiciones y enseñanzas de las Órdenes místicas transmitidas secularmente de maestro a discípulo.

2º Las declaraciones y anales de los antiguos astrónomos, comprobados por los cálculos modernos.

3ª Los cálculos de los modernos astrónomos según indicaremos más adelante.

Estas tres fuentes de información nos dan el mismo relato. Pero antes del análisis de esta triple prueba, detengámonos un momento a considerar la relación entre los Magos y la astrología. Para comprender el relato de la visita de los Magos a Jesús, hemos de advertir que eran maestros en astrología. Persia y los aledaños países orientales fueron la prístina fuente de las enseñanzas astrológicas. Y aquellos Magos eran maestros, adeptos y hierofantes, y por consiguiente sabían todo cuanto se enseñaba en las escuelas de astrología de aquel tiempo. Gran parte de sus conocimientos astrológicos se han perdido, pero tanto como la química moderna debe a los alquimistas, debe la moderna astronomía a aquellos antiguos sabios.

Durante largo tiempo habían esperado los Magos la venida y encarnación del Gran Maestro de Maestros profetizado hacía muchos siglos por algunos hierofantes de las órdenes místicas, y cada generación esperaba ser testigo presencial de la venida. Se les había dicho que los astros anunciarían la efectividad del suceso, con arreglo a la alta astrología, y así lo comprenderá quien haya estudiado nuestra fragmentaria astrología moderna. Por lo tanto, esperaban los Magos y escrutaban el cielo en busca del signo. Las tradiciones de las órdenes ocultas nos informan de que por fin observaron los Magos una peculiar conjunción de planetas: primero la de Saturno y Júpiter en la constelación de Piscis, a los que después se añadió Marte, de modo que los tres planetas en relativa posición ofrecían un sorprendente e insólito espectáculo de profundo significado astrológico. Ahora bien, como saben todos los astrólogos antiguos y modernos, la constelación de Piscis presidía la existencia nacional de Judea. Al observar los Magos la profetizada conjunción de los planetas en la constelación relacionada con Judea, así como la situación de los demás planetas, infirieron de la observación dos sucesos:

1º Que había nacido el Mesías.

2º Que había nacido en Judea según indicaba la constelación en que ocurría la conjunción.

Y después de calcular exactamente el momento de la conjunción emprendieron su largo viaje a Judea en busca del Maestro de Maestros.

Los documentos astrológicos conservados por las ocultas fraternidades orientales en sus monasterios, etc., comprueban que pocos años antes de la era cristiana ocurrió dicha conjunción planetaria en la constelación simbólica de los destinos de Judea, que indicaba la encarnación o avatar de la Gran Alma divina, del Maestro de Maestros, del Místico de los Místicos. Conviene advertir que los individuos de dichas órdenes no profesan el cristianismo y los cristianos vulgares los llamarían «paganos», por lo que su testimonio es imparcial y sin tendencias partidistas en favor del cristianismo.

Además, los cálculos de la moderna astronomía demuestran indiscutiblemente que en el año 747 de la fundación de Roma (siete antes de la era cristiana), los planetas Saturno y Júpiter estuvieron en conjunción en la constelación de Piscis, y que a ellos se añadió el planeta Marte en la primavera del año 748.

El famoso astrónomo Kepler trazó por vez primera este cálculo el año 1604, y lo han corroborado los cálculos modernos. A quienes objetan que todo esto ocurrió siete años antes de la fecha comúnmente aceptada para el nacimiento de Cristo, les diremos que todas las obras modernas sobre la cronología del Nuevo Testamento y todas las enciclopedias y tratados referentes al asunto demuestran que de los primeros cálculos resultaron algunos años más de los del cómputo vulgar, y que otros sucesos mencionados en los evangelios, como el del empadronamiento que llevó a José y María a Belén, capacitan a los modernos exégetas para fijar la fecha del nacimiento de Cristo seis o siete años antes de la comúnmente aceptada. Así es que las modernas investigaciones corroboraron plenamente los cómputos astrológicos y las místicas tradiciones.

De lo expuesto se infiere que la visita de los Magos estuvo en correspondencia con los signos astrológicos en cuya interpretación eran adeptos y maestros. Conocida esta verdad, ¡cuán pueril y mezquino resulta el mito de la «estrella ambulante» de la comúnmente aceptada versión exotérica! Y las descripciones y pinturas de los Magos guiados por un movible cuerpo celeste que viaja a través del firmamento hasta detenerse sobre la choza de José, con que se llena la mente de los chicos en las escuelas, deben echarse en el mismo cesto de papeles rotos donde ya están las estampas bíblicas, un tiempo tan populares, que representaban a Jehová bajo la figura de un anciano calvo, con larga barba blanca y cubierto de flotante túnica. ¿Es extraño que haya aumentado el número de escépticos, de infieles y de burlones de las verdades espirituales, cuando se les puso en el dilema de creer en semejante patraña o condenarse eternamente? ¿Y no es esta conexión de la astrología con el primitivo cristianismo una repulsa a la moderna Iglesia cristiana, que escarnece la ciencia astrológica en sus relaciones con los sucesos de este mundo y la tilda de «grosera superstición», propia tan sólo de mentecatos e ignorantes?

Nuestra descripción de los Magos esclarece la idea tenida primitivamente por fábula irrisoria, propia tan sólo de chiquillos que la escuchaban gozosos a causa de su intuitiva percepción de toda subyacente verdad. Y la mística versión capacita a los adultos para gozarse en el relato lo mismo que los niños.

Sobre el particular, dice la *Nueva Enciclopedia Internacional*:

«Algunos Padres de la Iglesia arguyeron contra las enseñanzas de la antigua astrología, mientras que otros las aceptaban con determinadas modificaciones, pues realmente formaban parte de los fundamentos de su religión en el relato evangélico de la visita a Belén de los Magos de Oriente, quienes eran magos o astrólogos caldeos.»

Tal es el testimonio de todos los autores que han tratado de este asunto; y, sin embargo, pocos lo conocen.

Para comprender la importancia del acontecimiento que llevó a los Magos a Belén, conviene advertir que la venida del Maestro fue un tema favorito de especulación y discusión en las ocultas y místicas corporaciones de todos los países orientales. Se había profetizado en todas las lenguas que vendría al mundo un excelso Maestro, un avatar o encarnación de la Divinidad en forma humana, para salvar al mundo del materialismo que lo amenazaba. Las Escrituras Sagradas de la India, Persia, Caldea, Egipto, Media, Asiria y otros países habían vaticinado desde muchos siglos antes este acontecimiento, y todos los místicos y ocultistas anhelaban el día en que «apareciese el Maestro». También tenían los judíos muchas tradiciones referentes al advenimiento del Mesías que había de nacer de la estirpe de David en Belén, y creían que estaba destinado a ser un poderoso rey terrenal para liberar a Israel del yugo romano. Así es que las místicas y ocultas fraternidades orientales consideraron las tradiciones judías de inferior importancia, pues para los místicos y ocultistas sería el avatar o encarnación de la Divinidad, un Dios en forma humana que se posesionaría de su sede como Gran Maestro de la Gran Logia Universal de los místicos. Sería el descenso del puro Espíritu a la materia. Seguramente era este concepto mucho más elevado que el de los judíos.

De lo dicho se infiere el porqué los Magos buscaban con tanto ardor y entusiasmo al recién nacido infante. Tuvieron que recorrer muchas leguas y tardaron cosa de un año en el viaje. Llegaron a Belén cuando ya hacía un año del nacimiento de Cristo y de la conjunción planetaria que les determinó a emprender el viaje.

No buscaban a un recién nacido, como generalmente se cree, sino a un niño nacido un año antes.[2]

Al fin, después de un largo y fatigoso viaje por cuestas y llanos, montañas y desiertos, llegaron los Magos a Jerusalén e inquirieron diligentemente el paradero del Maestro de Maestros, el Prometido cuya venida se había profetizado durante siglos en los pueblos orientales. Los judíos a quienes los Magos preguntaron, aunque desconocedores de las predicaciones referentes a un Maestro místico o avatar de la Divinidad, estaban enterados de las profecías relativas al advenimiento del Mesías hebreo y se figuraban que de este esperado rey terrenal de los judíos pedían noticias los Magos. Así es que derramaron la voz de que los Magos habían venido de Oriente a Jerusalén en busca del Mesías, del rey de los judíos que debía liberar a Israel del yugo romano. El Evangelio de San Mateo nos dice:

«Oyendo esto, el rey Herodes se turbó, y toda Jerusalén con él.» (Mateo 2, 3)

Era natural que se turbase Herodes, si se tiene en cuenta que los judíos esperaban la venida de un Mesías que había de heredar el reino; y así fue que congregó a los príncipes de los sacerdotes y a los escribas de Jerusalén y les mandó que le refiriesen los pormenores atinentes a las profecías relacionadas con el Mesías, y en dónde esperaban que naciese. Los sacerdotes y escribas respondieron: «En Belén de Judea, porque así está escrito por el profeta…».

Al escuchar el astuto Herodes el testimonio de los sacerdotes y escribas, temeroso de que si se cumplía aquel antiguo vaticinio hebreo le costara la corona, llamó a los Magos a su palacio, y en consulta privada inquirió de ellos el objeto de su diligente investigación. Y cuando los Magos le dijeron lo del signo astrológico, excitóse todavía más el rey Herodes con vivos deseos de saber dónde estaba el peligroso niño. Preguntó Herodes a los Magos cuándo habían visto la estrella, pues sabiendo la fecha de su nacimiento podría serle más fácil encontrar al niño de Belén (véase Mateo 2, 7). Enterado Herodes de ello, les dijo a los Magos que fuesen a Belén para encontrar al niño que buscaban, y añadió astutamente: «Y cuando le halléis, hacédmelo saber, para que yo también vaya y le adore».

Así, disimulando hábilmente su intención de apoderarse del niño y matarlo, procuró Herodes valerse de los Magos como de pesquisidores, fingiendo compartir su deseo de encontrar al divino niño.

Llegaron los Magos a Belén y preguntaron diligentemente por los niños nacidos en la época de la conjunción planetaria. Por supuesto que habían nacido varios niños en aquel mismo mes y fue la investigación difícil. Pero no tardaron en oír rumores acerca de un niño que les había nacido a unos forasteros llegados a Belén por aquel tiempo y cuyo nacimiento estuvo acompañado de un extraño suceso, según refiere el Evangelio de San Lucas (2, 8-20), quien dice que cuando Jesús nació en el pesebre, unos pastores que durante la noche velaban sus rebaños vieron un ángel ante ellos y «la gloria del Señor los rodeó de resplandor». El ángel les dijo que no temieran porque les venía a dar nuevas de gran gozo, pues había nacido aquella noche en la ciudad de David un Salvador, el Señor ungido. Y el ángel les dio por señal que hallarían al niño envuelto en pañales y acostado en un pesebre. Y repentinamente apareció con el ángel una multitud de las huestes celestiales, que alababan a Dios y decían: «¡Gloria a Dios en las alturas, y en la tierra paz y buena voluntad para con los hombres!». Y los pastores fueron a la ciudad e hicieron notorio lo que se les había dicho del niño, por lo que tanto el niño como sus padres fueron objeto de más o menos interés público.

Cuando los Magos comenzaron sus investigaciones se les informó a su tiempo de aquel singular suceso, y visitaron la casa de José y María y vieron al niño. De las preguntas que formularon a los padres, coligieron que el nacimiento del niño había coincidido exactamente con el signo astrológico. Entonces trazaron el horóscopo del niño y observaron que la visión de los pastores coincidía con su mágica ciencia, y que realmente aquel niño era el Ser a quien durante siglos habían esperado los místicos y ocultistas orientales. ¡Habían encontrado al Maestro! El Niño del signo estelar estaba ante ellos.

Entonces, los adeptos, maestros y hierofantes, hombres egregios en sus respectivas tierras, se postraron en el suelo ante el niño, y le saludaron con el ceremonial debido únicamente al excelso Maestro oculto de los Maestros, que venía a ocupar el trono del Gran Maestro de la Gran Logia. Pero el niño nada sabía de esto, y se limitaba a sonreír dulcemente a aquellos extranjeros pomposamente vestidos, y les alargaba sus tiernas manecitas. Pero la tradición oculta afirma que con los dedos de la diestra extendidos hacia los Magos, hizo el niño inconscientemente el místico símbolo de la oculta bendición de los maestros y hierofantes (ahora usada por el Papa en la bendición papal) y dio a sus adorantes la bendición de Maestro. De esta suerte dio el tierno Maestro de Maestros su primera bendición recaída en sus discípulos y fervorosos adoradores.

Pero su trono no era entonces el de la Gran Logia, sino otro aún más excelso: el regazo de una Madre.

Los Magos hicieron entonces las místicas y simbólicas ofrendas al niño: oro, incienso y mirra. Le ofrendaron oro como tributo pagado a un rey. Le ofrendaron incienso como símbolo de adoración, pues era el purísimo y rarísimo incienso usado por las fraternidades y órdenes ocultas y místicas en sus ritos y ceremonias, cuando contemplaban el sagrado símbolo del Absoluto Señor del Universo. El tercero y último símbolo fue la mirra, que en el oculto y místico simbolismo denota la amargura de la vida mortal. La mirra amarga y punzante, pero al propio tiempo aromática y aséptica, daba a entender que aquel niño, aunque esencialmente divino, tenía cuerpo y mente mortales y debía experimentar el amargo sabor de la vida. Ciertamente la mirra simbólica es apropiadamente la vida mortal porque tiene virtud aséptica para evitar la corrupción y, sin embargo, amarga y pica. El oro, el incienso y la mirra eran una profecía, un símbolo, una revelación de la vida del Hijo del Hombre en quien el puro Espíritu moraba. ¡Verdaderamente eran sabios aquellos Magos!

Cumplidos sus ritos y ceremonias se marcharon de Belén los Magos, pero no olvidaron al niño y tuvieron noticia de Él hasta volverlo a ver. Parecerá extraña esta afirmación, porque nada dicen los evangelios de esta segunda entrevista y silencien algunos años de la vida de Jesús. Sin embargo, los registros y tradiciones de los místicos orientales están llenos del conocimiento esotérico de dichos años, según veremos más adelante. Aunque de él se habían despedido los Magos, fue creciendo el Niño bajo su amorosa solicitud y desenvolviéndose en cuerpo y mente.

Advertidos los Magos por revelación en sueños de que no volviesen al astuto y artero Herodes, «regresaron a su tierra por otro camino». (Mateo 2, 12)

En vano aguardó Herodes la vuelta de los Magos, y al saber que se habían marchado sin verle, ordenó cruelmente el degüello de todos los niños menores de dos años nacidos en Belén y sus alrededores. Calculó Herodes que habían transcurrido dos años desde la aparición del signo astrológico de que le habían hablado los Magos. El Evangelio de San Mateo, según la versión llamada Vulgata, dice sobre el particular:

«Herodes entonces, como se vio burlado por los Magos, se enojó mucho, y mandó matar a todos los niños menores de dos años que había en Belén y en todos sus alrededores, *conforme al tiempo que había inquirido de los magos.»*

Herodes trataba de matar al temido Mesías, al rey de los judíos, que amenazaba destronarle, matando a todos los niños nacidos en Belén desde el astrológico indicio señalado por los Magos.

Pero fracasó aquella maquinación, porque «un ángel avisó a José en sueños»,[3] diciéndole que huyera con la madre y el niño a Egipto y permaneciesen allí hasta la muerte de Herodes. Y así José, María y Jesús, huyendo de la cólera de Herodes, ocultamente se marcharon a Egipto.

La tradición oculta nos enseña que con el oro ofrecido por los Magos, quienes les dijeron a los padres que lo guardaran para el niño, pudieron aquel pobre carpintero y su familia costearse el viaje a una tierra extraña, fugitivos y sin probabilidades de ganar dinero durante el viaje. Así el oro de aquellos místicos ocultistas salvó de la matanza al Fundador del Cristianismo. ¡Cuán miserablemente ha pagado la cristiandad esta deuda si consideramos las persecuciones de que en toda época han sido objeto por los sedicentes cristianos, que los llaman «paganos» orientales!

¡Y tengamos en cuenta que con el oro de los Magos fueron José, María y Jesús a Egipto, la sede del misterio y del ocultismo, la tierra de Isis! Había de ser un apropiado lugar de reposo para el Gran Maestro Oculto. Y la tradición oculta nos informa también de que una noche, rendida la familia por las fatigas del largo viaje, pernoctaron en el paraje de la esfinge y las pirámides. Y que la Madre y el Niño reposaron entre las garras delanteras de la esfinge que los mantuvo salvos y seguros, mientras que José se tendió ante ellos en la base del coloso para guardarles el sueño. ¡Qué escena! El Maestro, en la infancia, protegido por la esfinge, el antiguo emblema y símbolo ocultista, y cerca de allí, erguidas como potentes y vigilantes centinelas, las pirámides de Egipto, la obra maestra de los místicos egipcios, cada una de cuyas líneas y medidas simboliza una esotérica enseñanza... ¡verdaderamente el cristianismo se meció en el regazo del misticismo!

Las enseñanzas místicas son las eficacísimas reconciliadoras de la fe y la razón.

Lección II

El misterio de la virginidad

Uno de los puntos de contradicción entre la teología dogmática por una parte, y por otra el racionalismo, la alta crítica y la mitología comparada es el del virginal nacimiento de Jesús. Acaso logremos mostrar más claramente los puntos diferenciales, exponiendo los opuestos conceptos y revelando después las tradiciones conservadas sobre el asunto por las ocultas fraternidades y corporaciones. Podemos exponer imparcialmente las distintas opiniones porque nos apoyamos en las enseñanzas ocultas con la convicción de que estamos situados independientemente y muy por encima de la lucha entablada entre las dos escuelas de teólogos cristianos. Esperamos que el lector reserve su juicio hasta completar en esta lección el estudio del asunto. Creemos que las enseñanzas ocultas han de dar la clave del misterio y conciliar los dos distintos puntos de vista teológicos que amenazan dividir las iglesias en dos campos:

1º El de los teólogos ortodoxos.

2º El de los adheridos al concepto racionalista y de alta crítica.

La escuela teológica ortodoxa, que sostiene la virginidad de María antes del parto, en el parto y después del parto en que nació Jesús, y cuyas enseñanzas aceptan por fe los fieles, se expresa como sigue:

María, una joven doncella de Judea, se desposó con José, carpintero de Nazaret en Galilea. Antes de consumar el matrimonio le anunció una visión angélica que concebiría milagrosamente un hijo a quien ella daría nacimiento, el cual reinaría en el trono de David y se le llamaría Hijo del Altísimo. Esta enseñanza tiene por único fundamento las afirmaciones contenidas en los evangelios de Mateo y Lucas, y dice:

«Y el nacimiento de Jesucristo fue así: Estando desposada María, su madre, con José, antes que se juntasen, se halló que había concebido del Espíritu Santo. Y José, su marido, como era justo y no quería infamarla, quiso dejarla secretamente. Y pensando él en esto, he aquí un ángel del Señor le apareció en sueños, y le dijo: "José, hijo de David, no temas recibir a María tu mujer, porque lo que en ella es engendrado, del Espíritu Santo es. Y dará a luz a un hijo, y le pondrás por nombre Jesús, porque él salvará a su pueblo de sus pecados". Todo esto aconteció para que se cumpliese lo que fue dicho por el Señor por medio del profeta, cuando dijo:

He aquí, una virgen concebirá y dará luz a un hijo, y le pondrán por nombre Emmanuel, que traducido es:

"*Dios con nosotros*". Y despertando José del sueño, hizo como el ángel del Señor le había mandado, y recibió a su mujer. Pero no la conoció hasta que dio a luz a su hijo primogénito; y le puso por nombre Jesús.» (Mateo 1, 18-25)

«Al sexto mes el ángel Gabriel fue enviado de Dios a una ciudad de Galilea llamada Nazaret, a una virgen desposada con un varón que se llamaba José, de la casa de David; y el nombre de la virgen era María. Y entrando el ángel a donde ella estaba, dijo: "¡Salve, muy favorecida! El Señor es contigo; bendita tú entre las mujeres".

Mas ella, cuando le vio, se turbó por sus palabras, y pensaba qué salutación sería ésta. Entonces el ángel le dijo: "María, no temas, porque has hallado gracia delante de Dios. Y ahora concebirás en tu vientre, y darás a luz a un hijo, y pondrás por nombre Jesús. Éste será grande, y será llamado Hijo del Altísimo; y el Señor Dios le dará el trono de David su padre; y reinará sobre la casa de Jacob para siempre, y su reino no tendrá fin".»

Entonces María dijo al ángel: "¿Cómo será esto?, pues no conozco varón". Respondiendo el ángel, le dijo: "El Espíritu Santo vendrá sobre ti, y el poder del Altísimo te cubrirá con su sombra; por lo cual también el Santo Ser que nacerá, será llamado Hijo de Dios.» (Lucas 1, 26-35)

Tal es la enseñanza comúnmente aceptada por la ortodoxa teología cristiana. Está contenida en los dos credos principales de las iglesias cristianas y declarada artículo de fe por la mayoría de las iglesias ortodoxas.

En el Credo de los Apóstoles, formulado hacia el año 500 de la era vulgar y que según se afirma fue modificación de otro credo anterior, está expuesta la doctrina en estos términos:

«... y en Jesucristo, su único Hijo, nuestro Señor, que fue concebido por obra del Espíritu Santo y nació de la Virgen María...»

En el Credo de Nicea, que data del año 325, se expone así la doctrina:

«... y en el Señor Jesús Cristo, el unigénito Hijo de Dios, engendrado por su Padre... y encarnado por el Espíritu Santo de María Virgen...»

Tal es la enseñanza firmemente mantenida como de fe por las iglesias ortodoxas de hoy día, aunque no siempre fue así, porque este punto de doctrina suscitó muchas discusiones y discrepancias de opinión en los primeros siglos de la Iglesia, hasta que la actual enseñanza prevaleció contra las adversas y fue aceptada más allá de toda duda y discusión por los cristianos ortodoxos.

Pero en nuestros tiempos hay en las iglesias cristianas muchos hombres de talento que no aceptan la doctrina tal como está expuesta, y la voz de la alta crítica resuena cada día más potente en el mundo, de suerte que muchas enseñanzas incuestionablemente aceptadas por los laicos las abandonan los clérigos, aunque mantienen su discrepancia en «discreto silencio». Pero aquí y allí se oyen valerosas voces que declaran explícitamente lo que su razón y su conciencia les dictan. Consideremos estas diversas opiniones.

Conviene advertir que no simpatizamos con la opinión de los incrédulos para quienes la virginidad de María es una leyenda inventada para encubrir el ilegítimo nacimiento de Jesús. Semejante parecer no se funda ni en inteligente investigación ni en severa crítica ni en enseñanzas ocultas. La inventaron arbitrariamente los incapaces de aceptar el dogma definido y que al ser expulsados de las iglesias se entretuvieron en trazar un tosco sistema de reconstrucción de la historia bíblica. Por lo tanto, prescindiremos de tan arbitrario concepto y pasaremos a examinar las opiniones heterodoxas de los eruditos, y después consideraremos las enseñanzas ocultas.

En primer lugar, los teólogos favorables a la opinión de la alta crítica, al negar la virginidad de María se apoyan en los siguientes fundamentos:

1º La historia de la divina concepción por una mujer, de un hijo, sin intervención de padre humano y por milagrosa obra de Dios, se encuentra repetida en las tradiciones, leyendas y creencias de muchas naciones precristianas. Casi todas las religiones orientales, anteriores de muchos siglos al cristianismo, contienen relatos de esta índole referentes a sus dioses, profetas y caudillos. La crítica sostiene que la historia de la divina concepción en la Virgen María es enteramente copia de las leyendas paganas, y se incorporó a las Escrituras cristianas después de la muerte de Cristo.

2º La virginidad de María no fue doctrina del cristianismo primitivo, sino que se introdujo en las enseñanzas a fines del siglo I o principios del II de la era cristiana, según demuestra la circunstancia de que únicamente dos evangelios, el de San Mateo y el de San Lucas, hablan con no mucha extensión del asunto, sin que nada digan los de San Marcos y San Juan, lo cual no hubiera sido posible si la virginidad de María fuese ya dogma definido en la primitiva iglesia cristiana. Además, en ninguna epístola se menciona para nada a la Virgen María, y aun el mismo san Pablo guarda absoluto silencio sobre este punto. De esto infieren los contrarios al dogma de la virginidad que no lo conocieron los primitivos cristianos y que no se oyó hablar de tal cosa hasta que muchos años después se copió de las leyendas paganas.

En apoyo de esta opinión, según ya dijimos, alegan que los más antiguos textos del Nuevo Testamento que conocen los exégetas nada dicen de la virginidad de María, y san Pablo, y otros autores no hablan absolutamente de ella.

3º En los evangelios de San Mateo y San Lucas se descubren evidentes indicios de que los pasajes de referencia se interpolaron posteriormente.

Consideraremos este último punto según el criterio de la alta crítica teológica, dentro del mismo seno de la Iglesia. Consideremos primeramente el Evangelio de San Mateo. La generalidad de las gentes cree que este evangelio lo escribió palabra por palabra el apóstol san Mateo de su puño y letra durante su ministerio. Sin embargo, los clérigos eruditos reconocen que no fue así, según puede comprobarse por las obras teológicas publicadas en estos últimos años o por una buena enciclopedia. Los investigadores han hecho diligentes indagaciones en averiguación de los probables autores de los libros del Nuevo Testamento, y sus informes sorprenderán a muchos cristianos desconocedores de las circunstancias del caso. Aparte de la tradición de la costumbre no hay fehaciente testimonio de que san Mateo escribiera, al menos en su actual texto, el evangelio que se le atribuye. Sin profundizar en el argumento de los investigadores (que puede hallarse en cualquiera obra moderna sobre la historia de los evangelios), diremos que según la opinión generalmente aceptada, el evangelio atribuido a san Mateo es obra de una o varias manos desconocidas, que escribieron en griego a fines del siglo I, o más probablemente fue una ampliación o adaptación de un texto arameo titulado «Sentencias de Jesús», que se supone escrito por san Mateo. Es decir, que aun los críticos más reacios reconocen hoy que el actual Evangelio de San Mateo es una ampliación adaptada por un texto de san Mateo escrito muchos años antes. Los críticos más radicales opinan menos respetuosamente sobre el particular. Por lo tanto, se echa de ver con cuanta facilidad pudo el último amañador interpolar la entonces ya corriente leyenda de la virginidad de María tomada de fuentes paganas.

Otra prueba de la interpolación aducida por los críticos es que el Evangelio de San Mateo dice que José era tan sólo el *padre putativo* del hijo de María; y, sin embargo, el mismo evangelio da la *genealogía de Jesús desde David a José*, el marido de María, *para demostrar que Jesús era de la «Casa de David»*, de acuerdo con la tradición mesiánica. El capítulo primero del Evangelio de San Mateo empieza con las palabras: «Libro de la genealogía de Jesucristo, hijo de David, hijo de Abraham».

Después enumera catorce generaciones de Abraham a David, otras catorce desde David a la transmigración de Babilonia, y catorce más desde los días de Babilonia hasta el nacimiento de Jesús. Los críticos llaman la atención hacia este *recitado de la descendencia de Jesús, mediante José, de la Casa de David,* el cual es uno de los tantos indicios de que el texto original de Mateo se inclina resueltamente por la opinión de que Jesús era el Mesías hebreo que había de reinar en el trono de David, y no una encarnación de la Divinidad.

Dicen los críticos que *si José no hubiese sido el verdadero padre de Jesús, ¿no fuera insensato el intento de probar que por José descendía de David?* Preguntan pertinentemente los críticos: *¿Qué necesidad había y qué propósito encerraba la enumeración de la genealogía de José aplicada a Jesús, si realmente no era Jesús verdadero hijo de José?*

Opinan los críticos que el texto original de san Mateo no contenía nada acerca del nacimiento virginal de Jesús, pues nada sabía Mateo de esta leyenda pagana, y así dio la genealogía de Jesús desde David y Abraham.

Si se omiten los versículos 18 a 25 del Evangelio de San Mateo, se advierte en seguida el lógico enlace entre la genealogía y el resto del relato, pues si no se omiten resulta paradójico, contradictorio y ridículo, y aparecen los puntos y costuras de la añadidura.

Pero cabe preguntarse cómo el versículo 23 del primer capítulo del Evangelio de San Mateo menciona la profecía mesiánica, que seguramente es una directa referencia a la profecía de Isaías 7, 14.

Examinemos esta llamada «profecía», de la que tanto se ha dicho y en la que tanto se ha visto con referencia al nacimiento de Jesús.

Pero antes veamos las siguientes palabras que la preceden:

«Y habló también Jehová a Acaz diciendo: "Pide para ti señal de Jehová tu Dios, demandándola ya sea de abajo en lo profundo, o de arriba en lo alto".

»Y respondió Acaz: "No pediré, y no tentaré a Jehová".

»Dijo entonces Isaías: "Oíd ahora, casa de David. ¿Os es poco el ser molestos a los hombres, que lo sois también mi Dios?".» (Isaías 7, 10-13)

Después sigue la profecía:

«Por tanto, el Señor mismo os dará señal: He aquí que la virgen concebirá, y dará a luz un hijo, y le pondrá por nombre Emmanuel.» (Isaías 7,14)

Esta es la «profecía» citada por el autor del Evangelio de San Mateo, y que durante siglos se ha considerado en las iglesias cristianas como una predicción del milagroso nacimiento de Jesús. En realidad, los teólogos sensatos saben que en modo alguno se refiere a Jesús dicho pasaje, sino a otro suceso que luego veremos, y fue interpolado en el evangelio con el único propósito de apoyar la idea del autor.

Conviene añadir que las más prestigiosas autoridades afirman que es inexacta la traducción de la palabra *almah* por la griega equivalente a «virgen» en su acepción usual. La palabra hebrea *almah*, empleada en el texto original hebreo de Isaías, no significa «virgen» en la acepción usual, sino muchacha casadera o núbil, pues los hebreos tenían otra palabra para el ordinario concepto de virginidad. La palabra *almah* se emplea en otros pasajes del Antiguo Testamento para indicar «una doncella», «una muchacha», según se advierte en Proverbios 30, 19, al referirse al «rastro del hombre en la doncella».

Pero dice la alta crítica que no hay necesidad de entrar en discusiones de esta índole, porque la llamada «profecía» se refiere a otra cosa completamente distinta. Dicen los críticos que Acaz, débil rey de Judá, estaba afligidísimo porque Rezín, rey de Siria, y Peka, rey de Israel, se habían coligado contra él y dirigían sus combinadas fuerzas hacia Jerusalén. Movido por el temor, Acaz trató de aliarse con el rey de Asiria, pero Isaías desaprobó esta alianza y reprendío a Acaz por proponerla. El rey estaba muy desazonado por el temor de escuchar los argumentos de Isaías, quien entonces profetizó a la manera de los videntes orientales que, de seguir aquella política suicida, el país quedaría devastado y la miseria vinculada en Israel. Sin embargo, dejaba entrever la esperanza de un brillante porvenir cuando se disparan las nubes de la adversidad. Un nuevo y prudente príncipe se levantaría para reponer la prístina gloria de Israel. Aquel príncipe nacería de una joven madre y su nombre sería Emmanuel, que significa: «Dios con nosotros». Todo esto se refería a sucesos de un futuro razonablemente cercano, sin nada que ver con el nacimiento de Jesús *algunos siglos más tarde,* quien *no había de ser un príncipe* que se sentara en el trono de Israel ni había de dar gloria y renombre a este pueblo, porque no era tal su misión.

Varios eruditos hebreos y cristianos han expuesto la opinión de que Isaías aludió al nacimiento de Ezequías.

No hay prueba alguna en la historia del pueblo judío, correspondiente a los siete siglos interpuestos entre Isaías y Jesús, de que los hebreos consideraran dicha profecía de Isaías con referencia al esperado Mesías, sino que por el contrario la creyeron relacionada con un no tan principal suceso de su historia.

Dice acertadamente un autor judío:

«En toda la vasta bibliografía judía no hay ni un solo pasaje que dé a entender que el Mesías había de ser milagrosamente concebido.»

Otros autores declararon lo mismo, demostrando que la idea de un nacimiento virginal era extraña a la mentalidad judía, pues los hebreos siempre honraron y tuvieron en alta estima la vida matrimonial y miraban a sus hijos como benditos dones de Dios. Un autor eclesiástico dice:

«Una fábula como la del nacimiento del Mesías de una virgen podría haber surgido en cualquier parte menos entre los judíos, cuya doctrina de la unidad divina abría un infranqueable abismo entre Dios y el mundo, y su alta consideración por el matrimonio hubiera hecho odiosa semejante idea.»

Otros autores coinciden con esta opinión y dicen que la idea del nacimiento virginal de Jesús no fue nunca la que se halla en las profecías hebreas, sino que, procedente de paganos manantiales, fue inoculada en la doctrina cristiana a fines del siglo I, y la creyeron los cristianos por influencia de los paganos conversos que la encontraban conforme con sus antiguas creencias.

El reverendo R. J. Campbell, ministro del City Temple de Londres, dice en su *Nueva Teología*:

«Ningún pasaje del Nuevo Testamento puede considerarse ni directa ni indirectamente como una profecía del virginal nacimiento de Jesús. A muchos les parecerá que insistir en esto es lo mismo que vapulear a un espantajo, pero el espantajo aún conserva bastante vitalidad.»

El segundo relato del evangelio acerca del nacimiento virginal es el ya citado de San Lucas.

Mucho se ha discutido acerca del verdadero autor del evangelio atribuido a san Lucas, pero los exégetas están generalmente acordes en que es el último de los tres evangelios sinópticos y que fuese quien fuese el autor no presenció personalmente los sucesos de la vida de Cristo. Algunos exégetas opinan que el autor fue un gentil, probablemente griego, pues su estilo aventaja en mucho al vulgar por su copioso vocabulario y admirable dicción. Se cree generalmente que la misma mano escribió los «Hechos de los Apóstoles». La tradición afirma que el autor fue un tal Lucas, convertido al cristianismo después de la muerte de Jesús, que formó parte de la compañía de san Pablo en el viaje de Troas a Macedonia y compartió el encarcelamiento de éste en Cesárea así como el naufragio del mismo apóstol durante su viaje a Roma. Se cree que escribió el evangelio mucho después de muerto san Pablo, para instrucción de un personaje de calidad, llamado Teófilo, residente en Antioquía.

Opinan los críticos de alto vuelo que el relato del nacimiento virginal fue interpolado en el texto de san Lucas por un autor subsiguiente o bien que el mismo san Lucas, en su vejez, adoptó la idea que ya iba cundiendo entre los cristianos procedentes del paganismo, ya que de esta misma procedencia era san Lucas. Se arguye que como quiera que san Pablo no habla para nada y ni siquiera alude al nacimiento virginal de Jesús ni menciona jamás a María, y siendo san Lucas íntimo amigo y discípulo de san Pablo, debió san Lucas conocer posteriormente la leyenda e insertarla en su evangelio si en realidad es todo él obra suya, pues de haberla conocido san Pablo no la hubiera omitido.

También es de Lucas la genealogía de Jesús desde Adán a través de Abraham, David y José. Las palabras «según se creía», puestas entre paréntesis en el versículo 23 del capítulo 3 de san Lucas, se supone que las interpoló en el texto un autor subsiguiente, pues no fuera sensato trazar la genealogía de Jesús a través de un «supuesto» o putativo padre. El citado versículo dice así:

«Jesús mismo al comenzar su ministerio era como de treinta años, hijo (según se creía) de José, hijo de Elí…»

Los exégetas advierten notable diferencia entre la genealogía dada por Lucas y la de Mateo, lo que revela falta de conocimiento por una u otra parte.

En general, los eruditos consideran sumamente extraño que san Lucas relatara el virginal nacimiento de Jesús, puesto que era muy fervoroso discípulo de san Pablo, quien desconocía la leyenda o no hizo caso de ella si la oyó referir. Seguramente que un hombre como san Pablo hubiera insistido reiteradamente en tan maravilloso suceso, de haber creído en él o si en su tiempo hubiera formado parte de las enseñanzas cristianas. Muy inverosímil es que Lucas escribiera dicho pasaje, y así muchos opinan que es mucho más seguro aceptar la hipótesis de una posterior interpolación en el texto de san Lucas, sobre todo si se tiene en cuenta los corroborantes indicios.

Resumiendo las opiniones de la alta crítica, podemos señalar los puntos en que se apoyan los impugnadores del virginal nacimiento de Jesús.

1º El relato del nacimiento virginal sólo se encuentra en el comienzo de dos de los cuatro evangelios, los de san Mateo y san Lucas, y aun en éstos el relato denota haber sido interpolado por subsiguientes escritores.

2º Tanto Mateo como Lucas no vuelven a hablar de la virginidad de María después del relato inserto en la parte introductora de sus evangelios, la cual no hubiesen silenciado si en realidad fuesen ellos los autores del relato y en él creyeran, pues semejante silencio por su parte es contrario a las costumbres de los escritores.

3º Los evangelios de San Marcos y San Juan no dicen absolutamente nadie sobre este punto. El evangelio más antiguo de estos dos, el de Marcos, no contiene ni el menor vestigio de la leyenda, y lo mismo cabe decir del de San Juan.

4º Las demás escrituras del Nuevo Testamento no rezan ni media palabra sobre el particular. El libro de los

Hechos de los Apóstoles, *generalmente atribuido también a san Lucas, no dice nada absolutamente del asunto.* San Pablo, maestro de san Lucas e insigne escritor de la primitiva Iglesia, o desconoce por completo lo referente al nacimiento virginal de Jesús, o si lo conoce nada dice de propósito por desdeñarlo, lo cual es increíble en semejante apóstol. Pedro, el príncipe de los apóstoles, no menciona dicha doctrina en ninguna de sus dos epístolas, lo cual es inconcebible si hubiese conocido la leyenda y creído en ella. El libro del Apocalipsis tampoco dice una palabra sobre una enseñanza que tan suma importancia cobró posteriormente en la Iglesia. Los escritos del Nuevo Testamento, a excepción de los dos breves pasajes ya citados de Mateo y Lucas, guardan asimismo absoluto y significativo silencio sobre el particular.

5º Hay en los evangelios y en las epístolas muchos versículos que demuestran o que los autores desconocían la leyenda del nacimiento virginal de Jesús o que no la aceptaban. Se *citan las genealogías de José para probar que Jesús descendía de David, lo cual depende enteramente de la efectiva paternidad de José. A Jesús se le llama repetidamente y sin reservas hijo de José.* Pablo y los demás apóstoles sostuvieron firmemente la doctrina de la necesidad de la muerte de Jesús, de su resurrección de entre los muertos, de su ascensión, etc., pero nada dijeron acerca de la necesidad de reconocer que había nacido de una virgen. Sobre este punto guardan absoluto silencio, aunque tenían sumo cuidado en no omitir ningún punto esencial de la doctrina. Pablo dice que Jesús «era del linaje de David según la carne...» (Romanos 1, 3).

6º El nacimiento virginal de Jesús no constaba en las tradiciones ni en las doctrinas de la primitiva Iglesia, sino que era entonces una idea completamente desconocida. La predicación y las enseñanzas de los apóstoles ni siquiera aluden a ella, como puede verse en los «Hechos de los Apóstoles, donde no era posible omitir un tan esencial punto de doctrina.

Esta situación debió de durar hasta cerca del siglo II, cuando comenzaron a infiltrarse las creencias paganas a causa del gran número de paganos convertidos.

7º Hay muchas razones para creer que la leyenda derivó de otras leyendas, pues las religiones de otros pueblos contenían relatos de milagrosos nacimientos de héroes, dioses, profetas, reyes y sabios.

8º La aceptación de la leyenda no es ni debe ser prueba de creencia en Cristo y en el cristianismo. Así lo demuestra el reverendo doctor Campbell en su *Nueva Teología,* al decir:

«La fe en el significado del cristianismo no queda en modo alguno afectada por la doctrina del nacimiento virginal, a no ser porque interpone una barrera entre Jesús y el género humano y le convierte en algo que no puede llamarse propiamente humano… Como muchos otros, me parecía indiferente aceptar o no la doctrina del nacimiento virginal, porque la consideraba de todo punto independiente del cristianismo; pero reflexionando sobre ello me he convencido de que es un obstáculo para la espiritualidad de la religión y la viva fe en Jesús. La sencilla y natural conclusión es que Jesús fue hijo de José y María, y tuvo una tranquila niñez.»

El teólogo alemán Soltau dice sobre el particular:

«Quien exija que un cristiano evangélico crea en las palabras "concebido por obra del Espíritu Santo y nació de María virgen" peca contra el Espíritu Santo y contra el genuino evangelio transmitido por los apóstoles y los cristianos de la era apostólica.»

Tal es el resumen de la contienda entablada entre la escuela conservadora y dogmatizante de teólogos cristianos, por una parte, y por otra la escuela teológica, también cristiana pero liberalmente radical.

Hemos señalado las posiciones de ambos bandos para que el lector comprenda el problema. Pero antes de considerar las enseñanzas ocultas, preguntemos: en vista de las pruebas aducidas contra el nacimiento virginal de Jesús, *¿cómo compatibiliza la alta crítica la* *indudable doctrina de la paternidad de Dios, tan claramente señalada en todo el Nuevo Testamento?* ¿Por qué tan frecuente y repetidamente le llama a Jesús el Hijo de Dios? ¿Cuál era la secreta doctrina subyacente en la divina filiación de Jesús para que las leyendas paganas corrompieran en el dogma teológico del nacimiento virginal? Tememos no hallar las respuestas en los textos y alegatos de la alta crítica ni en los de los teólogos conservadores. Veamos ahora qué luz arrojan las ocultas enseñanzas en punto tan oscuro. Hay una doctrina esotérica que explica el misterio.

En primer lugar, las enseñanzas ocultas nada dicen respecto a que el nacimiento físico de Jesús estuviera señalado por milagrosas características. No las niegan, pero tampoco las declaran y se contraen a decir respecto de Jesús que José fue su padre y María su madre, esto es, que se considera la familia compuesta de padre, madre e hijo, como en el caso análogo de cualquier otra familia. Las enseñanzas ocultas dan, según veremos, muchos pormenores respecto de la *espiritual afiliación* de Jesús, sin que nada mencionen acerca de una milagrosa concepción y nacimientos físicos.

Fácilmente comprenderemos por qué la leyenda del nacimiento virginal no ocupó la atención de los ocultistas, si tenemos en cuenta que éstos dan poca importancia al cuerpo físico, excepto cuando lo consideran como templo del espíritu y morada del alma. Para los ocultistas, el cuerpo físico es una envoltura material cuyas células constituyentes cambian de forma continua, que sirve de casa al alma del individuo, y, una vez desechado, no es más que cualquier masa de materia en desintegración. Saben los ocultistas que el alma existe separada del cuerpo, no sólo después de la muerte física, sino aun durante la vida terrena, cuando actúa en el mundo astral y otros casos análogos. De muy diversas maneras es natural para los ocultistas considerar el cuerpo físico como una «envoltura» que se ha de tratar con cuidado, usarla debidamente y después desecharla a voluntad o cambiarla por otra.

De lo anteriormente expuesto se infiere sin dificultad que cualquier doctrina según la cual el absoluto Dios cobijará el humano cuerpo de una mujer y determinará en ella la concepción de un hijo, resultaría grosera, bárbara, innecesaria y contraventora de las naturales leyes establecidas por la Causa de las causas. El ocultista ve en la concepción de todo ser humano la obra de la divina Voluntad y en toda concepción y nacimiento un milagro. Pero en todo ello ve la acción de la ley natural, porque cree que la divina Voluntad siempre opera según las leyes naturales, de modo que lo en apariencia milagroso es resultado de la actuación de alguna ley, generalmente desconocida. Pero el ocultista no conoce ninguna ley capaz de determinar la concepción más que la del proceso fisiológico.

En suma, *el ocultista no considera el cuerpo físico de Jesús como si fuese el mismo Jesús,* pues sabe que el verdadero Jesús es algo mucho más que su cuerpo; y por consiguiente, no ve mayor necesidad de una milagrosa concepción de su cuerpo que la de una milagrosa confección de sus vestidos. El cuerpo de Jesús era tan sólo sustancia material. El verdadero Jesús era espíritu. Los ocultistas no consideraban a José como el padre del verdadero Jesús, pues *ningún ser humano puede engendrar o crear un alma.* Así es que el ocultista no ve razón para aceptar la antigua doctrina pagana del físico nacimiento virginal que procedente de extrañas fuentes se deslizó en el cristianismo. Para el ocultismo hay un nacimiento virginal de muy diferente índole, según vamos a ver.

Sin embargo, no lo creían así las gentes que a fines del siglo I se agolparon como borregos en las filas del cristianismo, procedentes de los pueblos gentiles, y trajeron con ellos las leyendas y doctrinas de sus respectivas religiones. Aquellas gentes creían que el cuerpo es *el verdadero hombre,* y por lo tanto le daban suma importancia. Eran casi materialistas a causa de su pagano concepto de la vida. Empezaron a influir en el corto número de cristianos primitivos y no tardaron las doctrinas originales en quedar sofocadas bajo el peso de las paganas. Por ejemplo, no comprendieron las hermosas ideas que sobre la inmortalidad profesaban los primitivos cristianos, quienes sostenían que *el alma* sobrevive a la muerte y desintegración del cuerpo. No entendían esta verdad trascendental ni conocían el significado de la palabra alma, por lo que introdujeron la doctrina de la resurrección del cuerpo físico. Creían que en un tiempo futuro llegaría un gran día en que los muertos resucitados de sus tumbas volverían a vivir. Muy penosa es la tosquedad de esta idea, comparada con la hermosa doctrina de la inmortalidad del alma mantenida por los primitivos cristianos y por los discretos de hoy día. Y sin embargo, aquellos paganos convertidos sofocaron las verdaderas enseñanzas con su grosera doctrina de la resurrección del *cuerpo*.

Aquellas gentes no eran capaces de comprender cómo podía vivir un hombre sin cuerpo físico, y para ellos la vida futura significaba la resurrección de sus cuerpos, muertos que vivirían de nuevo. Según ellos, los cuerpos muertos permanecerían en tal estado hasta el Gran Día, en que volverían a vivir. No hay entre tales gentes enseñanza alguna relativa al alma que deja el cuerpo para vivir en planos superiores. Nada de esto sabían aquellas gentes, incapaces de tan altas ideas e ideales, porque eran materialistas y estaban identificados con sus queridos cuerpos animales, y creían que milagrosamente recobrarían la vida sus cuerpos muertos en un tiempo futuro, cuando volviesen a vivir en la tierra.

Si consideramos el moderno conocimiento relativo a la naturaleza de la materia y que la constituyente hoy del cuerpo de una persona puede mañana formar parte del de otra –pues la materia se está transmutando y retransmutando continuamente para formar los cuerpos de los hombres, animales y plantas y constituir los gases químicos, y las combinaciones de los cuerpos inorgánicos– resulta la «resurrección del cuerpo» un lastimoso desvarío de la mente de un primitivo e ignorante pueblo y en modo alguno una enseñanza espiritual. Desde luego que cabría la duda de que tal cosa se les enseñare a los cristianos de aquel tiempo, a no ser por los fidedignos testimonios históricos y la huella que esta enseñanza dejó en el llamado Credo de los Apóstoles, en la frase que dice: «Creo en la resurrección de la carne» y que diariamente se reza en las iglesias, pero que ya apenas se enseña hoy día y muy pocos cristianos la creen, pues la mayoría la desconocen o niegan.

Dice el doctor James Beattie:

«Aunque el género humano ha tenido siempre la creencia en la inmortalidad del alma, la resurrección del cuerpo fue una doctrina peculiar del primitivo cristianismo».

Y declara S. T. Coleridge:

«Algunos de los más influyentes autores cristianos de los primeros tiempos fueron materialistas, pues enseñaban que el alma era material y corpórea. Parece que en aquel entonces eran pocos los creyentes en la inmaterialidad del alma según el concepto de Platón y otros filósofos; pero los teólogos cristianos ortodoxos tildaban esta idea de impía y contraria a las Escrituras. Justino Mártir arguyó en contra de la naturaleza platónica del alma. Y aun algunos autores de más cercana época no han vacilado en adherirse a la opinión de los primitivos ortodoxos. Así dice el doctor R. S. Candlisch:

"Volveremos a vivir en el cuerpo, en este nuestro cuerpo, con todas las esenciales propiedades y para todos los propósitos prácticos del en que ahora vivimos. Yo *no he de vivir como un fantasma, un espectro o un espíritu, sino que entonces viviré como vivo ahora en el cuerpo*".»

La Iglesia primitiva insistió con tanto empeño en la doctrina de la resurrección de la carne, porque la esotérica escuela de los gnósticos sostenía lo contrario, y el partidista espíritu de la mayoría los empujó al extremo opuesto, hasta que rotundamente negaron toda otra idea e insistieron en la resurrección y reviviscencia del cuerpo físico. Mas a pesar de que la oficial adopción de esta grosera teoría fue perdiendo poco a poco su valimiento, aunque todavía persiste su sombra en las palabras del credo, su espíritu se retrajo y desvaneció ante la progresiva idea de la inmortalidad del alma que vuelve una y otra vez al mundo hasta lograr la victoria.

Dice el profesor Nathaniel Schmidt, en su artículo sobre el particular en una prestigiosa enciclopedia: «...La doctrina de la natural inmortalidad del alma humana fue parte tan importante del pensamiento cristiano, que el dogma de la resurrección de la carne fue perdiendo su viril significado y no está incluido en ninguno de los sistemas filosóficos trazados por los pensadores cristianos en los tiempos modernos». Sin embargo, la Iglesia continúa repitiendo las ya insulsas palabras: «Creo en la resurrección de la carne». Aunque en realidad nadie cree en ella, su recitado y la declaración de fe es todavía indispensable requisito para el ingreso en la Iglesia cristiana. De tal modo persisten las ideas y fórmulas entre los vivientes.

De lo dicho se infiere fácilmente por qué los primitivos cristianos de fines del siglo I daban tanta importancia a la *concepción y nacimiento físico de Jesús,* pues para ellos el cuerpo físico de Jesús era el mismo Jesús. Lo demás es pura consecuencia, incluso el nacimiento virginal y la resurrección física. Confiamos en que el lector haya comprendido esta parte del tema.

Hemos conocido muy devotos cristianos que se estremecían ante la idea de que Jesús hubiese nacido como los demás hombres de un padre y una madre humanos. Se figuraban que esto tenía toques de impureza. Semejante idea deriva del prejuicio que disputa por impuro cuanto se refiere a la santidad de las funciones naturales en que todo es puro. ¡Cuánta perversión de criterio supone el tildar de impuras las sagradas paternidad y maternidad humanas!

El hombre verdaderamente espiritual ve en la divina trinidad de Padre, Madre e Hijo algo que le da al hombre un vislumbre de su divina naturaleza, que con el tiempo despertará en la humanidad. Cada uno de los hechos de la vida de Jesús simboliza y es tipo de la vida individual de cada alma y de toda la humanidad. Todos tenemos nuestro huerto de Getsemaní, a todos nos crucifican y ascendemos a los planos superiores. Tal es la oculta enseñanza del nacimiento virginal de Jesús. ¿No es más valiosa y al menos un concepto de la mente humana muy superior a la leyenda del virginal nacimiento físico?

En sucesivas lecciones expondremos los pormenores de las enseñanzas ocultas referentes a la divina naturaleza de Cristo, o sea, el Espíritu encarnado en forma humana, y entonces se verá más claramente la índole espiritual del virginal nacimiento de Jesús.

A los cristianos primitivos se les instruyó en la verdad relativa al nacimiento virginal, aunque sólo a los bastante inteligentes para comprenderla. Pero después de la muerte de los principales instructores, los que les sucedieron mostraron excesivo celo en convertir a los gentiles, cuya influencia se fue poco a poco sobreponiendo a las originales enseñanzas, y el virginal nacimiento físico de Jesús y la resurrección de la carne se declararon artículos de fe y de vital importancia por los ortodoxos dogmatizantes. Se han necesitado siglos de lucha mental y de espiritual desenvolvimiento para que la Luz de la verdad iluminara este oscuro punto de la fe; pero la obra está ya en libre marcha y las más esclarecidas mentalidades de dentro y fuera de la Iglesia cristiana, ya empiezan a desechar la vieja leyenda como una gastada reliquia de los tiempos en que las nubes de la ignorancia eclipsaban la Luz de la Verdad.

Terminaremos la lección transcribiendo el siguiente pasaje del eminente teólogo doctor Campbell, en su *Nueva Teología.*

«Pero ¿por qué vacilar en este asunto? La grandeza de Jesús y la valía de su revelación al género humano no se acrecientan ni disminuyen en modo alguno por la manera de venir al mundo. Todo nacimiento es precisamente tan admirable como pudiera ser un nacimiento virginal, y tan directa obra de Dios. Una concepción sobrenatural no tiene nada que ver con la valía moral y espiritual de la entidad que se supone viene al mundo de tan insólita manera...

»Quienes persistan en tal doctrina correrán el peligro de tener que probar demasiado, porque apremiados por la lógica conclusión, excluyen a Jesús de la real categoría de la humanidad.»

Esperamos que la alta crítica llegue a conocer las verdades de las enseñanzas ocultas que proporcionan la pérdida clave y favorecen la conciliación de cómo y por qué Jesús es verdaderamente el Hijo de Dios, engendrado y no creado, consustancial con el Padre, una partícula de purísimo Espíritu tomada del Océano del

Espíritu y libre del karma de pasadas encarnaciones. Era humano y, sin embargo, más que humano.

Lección III

La mística juventud de Jesús

La historia esotérica de la juventud de Jesús es poco o nada conocida de las iglesias, que sólo poseen la cáscara, propiedad de las masas, mientras que el meollo de la verdad es de unos cuantos elegidos. Las tradiciones de las místicas fraternidades y órdenes ocultas han conservado intacta la historia cuya esencia vamos a exponer.

Al final de nuestra primera lección dejamos a José, María y el niño Jesús en Egipto, a donde habían huido de la cólera del tirano Herodes, y hasta cuya muerte moraron allí.

Volvióse entonces José con su mujer y su hijo a su tierra, y por razones que ignoran los familiarizados con las tradiciones, decidió José no establecerse en Judea sino encaminar sus pasos hacia la costa y acomodarse de nuevo en Nazaret, donde había conocido y desposado con María. Así transcurrió la niñez de Jesús en Nazaret, la pequeña ciudad montesina; y según la tradición oculta todos los años recibía la familia, de manos de encubiertos mensajeros de los Magos, donativos en oro que aliviaban su pobreza.

Refiere la tradición que a los cinco años de edad comenzó Jesús el estudio de la ley de Moisés, y que mostró mucho talento y rara habilidad, no sólo en el dominio de la letra, sino también en el del espíritu de las Escrituras hebreas, de suerte que aventajó en mucho a sus condiscípulos. Asimismo refiere la tradición que mostró una temprana impaciencia ante el árido formalismo de sus instructores hebreos y una viva tendencia a penetrar directamente al corazón de los textos y discernir el espíritu que los animaba, con lo cual se concitó frecuentemente las censuras de sus instructores, que aferrados a la letra desdeñaban el espíritu de las enseñanzas.

Nazaret era una población chapada a la antigua y tanto ella como sus habitantes eran el blanco de las mofas y chacotas de las gentes de Judea. La palabra «nazareno» era sinónima de «patán», «palurdo», «majagranzas», etc., para los habitantes de más cultas comarcas. Lo apartado de la ciudad la separaba también del resto del país; pero este apartamiento influyó notablemente en la infancia y juventud de Jesús. A causa de su peculiar situación, era Nazaret punto de tránsito de varias caravanas, y gentes de diversos países pasaban por la ciudad y en ella pernoctaban o se detenían durante algunos días. Viajeros procedentes de Samaria, Jerusalén, Damasco, Grecia, Roma, Arabia, Siria, Persia, Fenicia y otras tierras se mezclaban con los nazarenos. Y la tradición refiere que el mismo Jesús conversaba secretamente con los viajeros versados en la sabiduría oculta y fue asimilando sus enseñanzas hasta quedar instruido en ellas tan completamente como siglos después lo estuvieron los místicos medioevales. Añade la tradición que a menudo dejaba el niño asombrados a los viajeros ocultistas con su intuición de la doctrina secreta, de suerte que los más sabios de ellos, al ver cuán despierto e inteligente era el niño, prolongaban a propósito su estancia en Nazaret para ampliar los ocultos conocimientos que éste ya poseía. Por otra parte, los Magos encargaban a algunos de estos viajeros que no dejasen de instruir al niño de Nazaret en las verdades para cuya comprensión estaba ya dispuesto.

Así fue creciendo Jesús día tras día y año tras año en conocimiento y sabiduría, hasta que ocurrió en su vida un suceso muy comentado desde entonces por los exégetas del Nuevo Testamento, pero que no es posible comprender sin la precedente explicación.

La Pascua cayó en el mes de abril cuando Jesús tenía trece años. Era esta festividad una de las más solemnes del calendario judío y su observancia era un sacratísimo deber para todo hebreo. Se había establecido la fiesta en memoria perpetua de aquel importantísimo suceso de la historia del pueblo judío, cuando el Ángel Exterminador pasó por todo Egipto matando al primogénito de cada familia egipcia sin distinción de clase social, pero respetando las casas de los oprimidos hebreos que habían teñido el umbral con la sangre del sacrificio en testimonio de su fe. Nos limitamos a mencionar este suceso, pues no entra en nuestro propósito explicar sus causas, que los ocultistas saben que fueron de índole natural.

Los legisladores de Israel habían instaurado la fiesta de la Pascua como símbolo de aquel suceso tan importante para la nación y todo judío que bien se estimase se consideraba obligado a tomar parte en la fiesta, y subir a Jerusalén si le era posible.

Cuando la celebración de la Pascua a que nos referimos, acababa Jesús de cumplir trece años, edad en que según las leyes eclesiásticas ya podía compartir con los adultos la cena de Pascua y alternar con ellos en las sinagogas.

Aquel año subió con sus padres a Jerusalén e hizo la *segunda* visita a la ciudad santa, pues había hecho la *primera* cuando a los cuarenta días de nacer lo llevó allí su madre desde Belén para presentarlo en el templo, de conformidad con la ley judía, y el anciano Simeón y la profetisa Ana declararon explícitamente la divina naturaleza espiritual del niño.

Padre, madre y niño, la divina trinidad del humano parentesco, viajaron lentamente por la calzada de

Nazaret a Jerusalén. El padre y la madre conversaban acerca de los pormenores del viaje con entremezcla de piadosos pensamientos sobre la fiesta en que iban a participar; pero la mente del niño estaba muy lejos de las cosas que embargaban las de sus padres, pues pensaba en las profundas verdades místicas que tan rápidamente había asimilado durante los pasados años, y esperaba con deleitosa anticipación el encuentro con los ancianos místicos en el templo y lugares públicos de Jerusalén.

Conviene decir que en las formalistas enseñanzas eclesiásticas de los judíos, de las masas populares conocidas, subyacía gran copia de ocultismo y misticismo oculto, tan sólo asequible a unos cuantos elegidos, quienes estudiaban detenidamente la Cábala o Escrituras ocultas judías, cuyo texto, con otras enseñanzas análogas, se transmitía verbalmente de instructor a estudiante y formaba la doctrina secreta de la religión hebrea. Hacia los eruditos instructores de esta secreta doctrina dirigía Jesús pasos y mente, aunque sus padres lo ignoraban.

Cuatro o cinco días tardaron en el viaje, y al fin apareció ante su vista la ciudad santa de Jerusalén, con el admirable templo de Salomón, que descollaba de entre los demás edificios. Los grupos de peregrinos, de los que la familia de José formaba parte, se colocaron ordenadamente, y conducidos por los tañedores de flauta marcharon gravemente por las calles de la ciudad santa, entonando los himnos sagrados que los fieles cantaban en aquella solemne ocasión. Y el niño iba en el grupo, cabizbajo y con ojos que parecían ver cosas mucho más lejanas del escenario circundante.

Se celebraron los ritos, se cumplieron los deberes y se observaron las ceremonias de la Pascua, que duraba unos ocho días, de los cuales los dos primeros eran ceremonias de precepto. Cada familia hacía la ofrenda del cordero sacrificial y amasaba y comía el pan ázimo o sin levadura. La hermosa idea de la Pascua había degenerado en una horrible fiesta sanguinaria, pues se dice que se inmolaban 250.000 inocentes corderos para ofrecerles en sacrificio a Jehová, a quien se le suponía complacido en el derrame de sangre inocente. A consecuencia de tan bárbara idea, el altar y los patios del templo de Dios vivo estaban inundados con la sangre de aquellos pobres animales, y las manos y vestimentas de los ungidos sacerdotes de Jehová empapadas como las de los carniceros, para alimentar la vanidad de un bárbaro concepto de Dios

Y todo esto por «¡la gloria de Dios!». ¡Qué sarcasmo! Considere mas al pensar en ello cuáles serían los sentimientos que tan horrible espectáculo despertaría en el místico ánimo de Jesús. ¡Cuán lastimada quedaría su alma por la profanación del rito sagrado! ¿Y qué hubiese pensado si supiera que siglos después los ministros de una religión amparada con su nombre persistirían en la misma falsa idea de la sangre sacrificial y la vocería en himnos, diciendo: «Una fuente llena con la sangre fluyente de las venas de Emmanuel que lava la culpa de los pecadores?».

¡Ay de la prostitución de las sagradas verdades y enseñanzas! No es maravilla que un pueblo saturado de la abominable idea de un Dios que se goza en ver fluir ríos de sangre inmolara después al más excelso hombre de su raza, que venía a enseñarles las supremas verdades místicas y ocultas. Sus mantenedores han persistido en el transcurso de los siglos hasta nuestros días, insistentes en la idea del sacrificio truculento y la muerte expiatoria, indigna de todo pueblo menos de los adoradores de alguna maligna divinidad en las selvas del África tenebrosa.

Disgustado y afligido por tan bárbaro espectáculo, se apartó el niño Jesús de sus padres y se internó por las recónditas cámaras del templo, en donde los doctores de la ley y de la Cábala aleccionaban a sus estudiantes. Entre ellos se sentó Jesús para escuchar las enseñanzas y discusiones de los doctores, yendo de uno a otro grupo para escuchar, examinar y pensar. Comparó las enseñanzas y sometió las diversas ideas a la piedra de toque de la verdad, según él la concebía en su mente. Las horas le pasaban sin sentir al niño que por vez primera se hallaba en un tan propicio ambiente. Las conversaciones con los viajeros de las caravanas resultaban insignificantes en comparación de las de los insignes instructores ocultistas de Israel. Porque conviene advertir que los doctores de aquel tiempo acostumbraban enseñar de este modo a los adictos a su compañía; y como Jerusalén era el centro de la cultura y erudición de Israel, allí residían los principales doctores. Por lo tanto, se hallaba entonces Jesús en la originaria fuente de la secreta doctrina hebrea y en presencia de sus más altos exponentes.

El tercer día de la Pascua empezó a disgregarse la enorme masa de dos millones de personas que habían subido en peregrinación a la ciudad santa. Los de escasos recursos se marchaban una vez terminadas las obligatorias ceremonias de los primeros días; y José y María eran de los que preparaban la vuelta a su lejano hogar. Se reunieron con los amigos y vecinos, y ya estaban todos a punto de emprender la marcha cuando los padres echaron de menos a su hijo. Sobresaltáronse por ello, pero los amigos les dijeron que habían visto al muchacho salir horas antes por el mismo camino en compañía de algunos parientes y vecinos. Tranquilizados, José y María se separaron del grupo con intento de adelantarse en el camino por ver si alcanzaban a su hijo antes de caer la noche; pero amargo fue su desconsuelo cuando llegados a la primera estación de la ruta de las caravanas, que era la aldea de Beroth, ya anochecía y el muchacho no estaba con los parientes y vecinos. Muy poco durmieron aquella noche, y al rayar el alba se separaron de los compañeros y emprendieron la vuelta a Jerusalén en busca del muchacho, a quien creían perdido entre la turbamulta de peregrinos en la gran capital.

Todas las madres y todos los padres compartieron los sentimientos de José y María en su frenética vuelta a la ciudad para buscar al muchacho, y preguntaron por doquiera sin que en parte alguna encontraran sus huellas. Llegó la noche sin un rayo de esperanza y al día siguiente fueron igualmente inútiles sus pesquisas y lo mismo al otro día. Durante tres días los amantes padres revolvieron la ciudad buscando a su querido hijo, pero ni una palabra de aliento recibieron. Seguramente había desaparecido el muchacho entre la multitud que llenaba las tortuosas calles, y José y María se increpaban por su falta de cuidado y precaución. Nadie sino quien sea padre o madre puede imaginar cuál fue su angustia y temor.

Recorrieron varias veces los atrios del Templo, pero no vieron ni oyeron a su hijo. Los ensangrentados altares, las ostentosas vestiduras de los sacerdotes, los cantos y lecturas les parecían una burla a ellos inferida. Deseaban volver a su humilde lugar con el muchacho a su lado, y rogaban el favor de Jehová en súplica de que les satisficiese aquel deseo, pero no obtenían respuesta.

Por fin, al tercer día ocurrió un extraño suceso. Los fatigados padres, con el corazón transido de dolor, entraron una vez más en el Templo y recorrieron uno de los atrios menos frecuentados, en donde echaron de ver un grupo de gente como si algo extraordinario sucediese. Casi instintivamente se acercaron al grupo, y en el profundo silencio de los circunstantes oyeron una voz infantil que hablaba con tono de autoridad y en diapasón adecuado a un numeroso auditorio. ¡Era la voz de su hijo Jesús!

José y María se abrieron anhelosamente paso por entre el grupo hasta colocarse en primera fila, y ¡oh maravilla de las maravillas!, vieron a su hijo en el centro de los más famosos doctores de la ley en todo Israel. Con estáticos ojos, como si contemplaran cosas que no son de este mundo, el niño Jesús asumía una posición y actitud de autoridad, y a su alrededor se agrupaban las más preclaras mentalidades de la época, y el país, escuchándole con respetuosa atención, mientras que a mayor distancia se agolpaba en ancho ruedo el vulgo de las gentes.

Al considerar que de la raza judía era característico rasgo la reverencia por los ancianos y la sumisión de los jóvenes, se comprende mucho mejor el insólito espectáculo que se ofreció a la vista de José y María. Cosa inaudita era que un muchacho apenas salido de la infancia se atreviese a hablar francamente ante los ancianos doctores de Israel, y parecía un milagro que presumiera de argüir, disputar y enseñar en semejante asamblea. ¡Y era un milagro!

El muchacho hablaba con el aire y tono de un Maestro. Rebatía los más sutiles argumentos y objeciones de los ancianos con la fuerza de su agudo entendimiento y espiritual intuición. Rechazaba con despectiva frase los sofismas y restituía el tema a su punto vital.

Engrosaba el grupo de oyentes, y era cada vez mayor el respeto con que los ancianos le escuchaban.

Para todos era evidente que un Maestro se había levantado en Israel con el aspecto de un niño de trece años. El tono, el gesto y el discurso denotaban al Maestro. El místico había encontrado su primer auditorio, compuesto de los más doctos pensadores del país. ¡Estaba comprobada la intuición de los Magos!

En una momentánea pausa del discurso, se oyó un agudísimo grito de mujer, el de su madre. Los circunstantes miraron con aire de reproche a María, que no había podido reprimir su emoción. Sin embargo, Jesús dirigió a sus padres una melancólica pero afectuosa mirada de confianza, al propio tiempo que les indicaba que permanecieran allí hasta que él terminara su discurso. Y los padres obedecieron la recién despertada voluntad de su hijo.

Terminada la enseñanza, bajó el muchacho de su asiento con la apostura de un anciano doctor y reunióse con sus padres, que lo substrajeron tan rápidamente como les fue posible a la admiración de los circunstantes. Entonces su madre le reprendió por la desazón que les había causado al buscarlo. El muchacho la escuchó tranquila y pacientemente hasta que hubo concluido, y entonces les preguntó con el recientemente adquirido aire de autoridad: «¿Por qué me buscabais?». Ellos le respondieron que por lo mucho que le amaban, y él repuso: «¿No sabéis que en los negocios de mi Padre me es necesario estar?». Y sus padres, sin entender estas palabras, comprendían no obstante que algún misterio había envuelto a su hijo, y con él salieron silenciosamente del Templo.

Aquí termina en el Nuevo Testamento la historia de la infancia de Jesús, y no vuelve a hablar de él hasta *diecisiete años* después, cuando ya hombre de treinta años aparece en el lugar de la predicación de Juan el Bautista.

¿En dónde y cómo pasó aquellos diecisiete años? El Nuevo Testamento guarda absoluto silencio sobre el particular. Quien haya leído lo antes expuesto, ¿podrá imaginar que Jesús estuvo aquellos diecisiete años en que de púber pasó a viril, trabajando de carpintero en el banco de su padre en la aldea de Nazaret? ¿No hubiera insistido el Maestro en vigorizar sus halladas facultades? ¿Podía el divino genio, después de reconocerse, quedar satisfecho entre oscuros menesteres materiales? El Nuevo Testamento calla; pero las ocultas tradiciones y místicos relatos nos enseñan la historia de aquellos diecisiete años, según vamos a exponer.

Las tradiciones y relatos de las místicas y ocultas fraternidades dicen que después de la discusión con los doctores de la ley y del encuentro con sus padres, se acercaron a éstos algunos miembros de la sociedad secreta a que pertenecían los Magos, y les representaron la sinrazón de tener al muchacho sujeto al banco del carpintero, cuando tan concluyentes pruebas había dado de maravilloso desenvolvimiento espiritual y preclaro talento en la discusión de arduas cuestiones. Se refiere que después de larga y detenida consideración del asunto, consintieron al fin los padres en el plan proyectado por los Magos, y les entregaron al muchacho para que se lo llevaran a su país, en cuyos retirados parajes pudiera recibir las enseñanzas que anhelaba su alma y para las que estaba su mente dispuesta.

Cierto es que el Nuevo Testamento nada dice de todo esto, pero también es verdad que nada expone en sentido contrario. Guarda silencio respecto de este importante período de diecisiete o dieciocho años. Recordemos que cuando Jesús se presenta en el lugar donde ejercía su ministerio Juan el Bautista, éste no lo reconoce, mientras que si Jesús hubiese permanecido en su país y en su casa, su primo Juan hubiera estado seguramente familiarizado con su fisonomía y su aspecto personal.

Las enseñanzas ocultas nos dicen que durante los diecisiete o dieciocho años de la vida de Jesús sobre los que guarda silencio el evangelio, viajó por lejanos países, donde le instruyeron en la oculta erudición y sabiduría de las diferentes escuelas. Lo llevaron a la India, Egipto, Persia y otras luengas tierras, y permaneció algunos años en cada uno de los centros más importantes, siendo iniciado en las diversas comunidades, órdenes y corporaciones que tenían allí su sede. Algunas órdenes egipcias conservan la tradición de un joven Maestro que habitó con ellos, y lo mismo sucede en India y Persia. Aun en las lamaserías escondidas en el Tíbet y los Himalayas subsisten tradiciones y relatos referentes al admirable joven Maestro que un tiempo los visitó y asimiló su sabiduría y secreto conocimiento.

Los brahmanes, budistas y parsis mantienen la respectiva tradición referente a un joven Maestro extranjero que, aparecido entre ellos, enseñaba admirables verdades y levantó acérrima oposición de los sacerdotes de las religiones de India y Persia, porque predicaba contra el sacerdocio y el formalismo y también vituperaba acerbamente la distinción de castas. Esto concuerda con las ocultas tradiciones que afirman que, desde los veintiún años hasta cerca de los treinta, ejerció Jesús una misión en India, Persia y países colindantes, hasta regresar a su tierra nativa, donde desempeñó su ministerio durante los tres últimos años de su vida.

Refieren las tradiciones ocultas que despertó vivo interés en las gentes de cada país visitado, y que en cambio suscitó terrible oposición entre los sacerdotes, porque se oponía al sacerdocio y al formulismo, con intención de conducir a las gentes al Espíritu de Verdad y apartarlas de las ceremonias y fórmulas que siempre han eclipsado la Luz del Espíritu. Insistentemente enseñaba la paternidad de Dios y la confraternidad de los hombres. Procuraba poner las fundamentales verdades ocultas al nivel de la mentalidad de las masas populares, que con la observancia de extensos formulismos y presumidas ceremonias habían perdido el Espíritu de Verdad.

Se dice que en la India concitó las iras de los brahmanes mantenedores de la diferencia de castas, maldición de la India. Moraba en las cabañas de los sudras, la casta inferior de aquel país, cuyas clases superiores le miraban desdeñosamente como un paria. Por doquiera le tildaban los sacerdotes y gobernantes de incendiario y subversor del establecido orden social. Era para ellos un agitador, un rebelde, un hereje, un anarquista, un hombre peligroso y por tanto indeseable.

Pero las semillas de la Verdad quedaban debidamente sembradas, y en la actual religión hinduista y en las enseñanzas de otros países orientales se encuentran huellas de la Verdad, cuya analogía con las transmitidas enseñanzas de Jesús demuestra que proceden del mismo origen y han confundido a los misioneros cristianos que desde entonces visitaron dichos países.

Así, lenta y pacientemente encaminó sus pasos hacia Israel, su patria, donde había de completar su ministerio durante tres años de labor entre sus compatriotas y concitarse de nuevo las iras de los sacerdotes y los gobernantes que le acarrearían la muerte. Se rebelaba contra el establecido orden de cosas y halló el destino reservado a quienes se adelantan a su época.

Como desde el principio al fin del ministerio de Jesús, así también hoy las verdaderas enseñanzas del Hombre de las Aflicciones llegan más fácilmente al corazón de las gentes sencillas, mientras que las denigran y combaten las autoridades civiles y eclesiásticas, aunque se afanan de servir a Jesús y llevar su librea. Jesús fue siempre amigo de los pobres y oprimidos y rechazaba a los soberbios y autoritarios.

Así vemos que según las enseñanzas ocultas fue Jesús un instructor mundial en vez de un particular profeta judío. El mundo fue su sala de audiencia y todas las razas sus oyentes.

Sembró las semillas de Verdad en el seno de varias religiones y no de una sola, y estas semillas empiezan a dar sus mejores frutos en estos nuestros tiempos, cuando el verdadero principio de la paternidad de Dios y de la fraternidad de los hombres va penetrando por igual en el ánimo de todas las naciones y llegará a ser lo bastante firme y robusto para destruir el error que enemistó a los hermanos y separó los credos.

El verdadero cristianismo no es un simple credo religioso sino una capital verdad humana y divina que se sobrepone a todas las mezquinas distinciones de raza y credo, y que al fin ha de iluminar igualmente a todos los hombres, congregándolos en un solo abrazo de Fraternidad universal. ¡Ojalá llegue pronto tan fausto día!

Dejamos a Jesús encaminando lentamente sus pasos hacia Judea, la tierra de su padre y el lugar de su nacimiento. Siguió su camino dejando caer aquí una palabra y plantando allá una semilla. Visitaba de paso una oculta fraternidad y se detenía algún tiempo en un paraje retraído, recorriendo de vuelta el camino de su juventud. Pero mientras el viaje de ida fue el de un estudiante anheloso de completar su educación en el extranjero, regresaba hecho todo un Maestro e Instructor con la simiente de una capital Verdad que había de germinar y dar óptimos frutos, que andando el tiempo se desparramarían por el mundo en su prístina pureza, a pesar de haberse corrompido en manos de aquellos a quienes los confió al dejar el escenario de su labor.

Advino Jesús como un profeta mundial y no como un particular santo judío, y menos aún como un Mesías hebreo, destinado a sentarse en el trono de David, su padre. Dejó su huella en todos los países de la tierra por donde anduvo. En toda Persia se conserva la tradición de Issa, el joven Maestro que apareció en aquel país hace siglos y enseñó la paternidad de Dios y la fraternidad de los hombres. Entre los hinduistas subsiste el recuerdo de Jesoph o Josá, un joven asceta que pasó por la India hace muchísimo tiempo, combatiendo la establecida ley de castas y conviviendo con las gentes del pueblo, que como en Israel «le recibían gozosamente». También en China se escuchan relatos sobre un revolucionario y joven religioso que predicaba la confraternidad humana y se le llamaba el Amigo del Pobre. Proseguía Jesús su camino sembrando las semillas de la humana libertad y la emancipación del yugo de la tiranía eclesiástica y del formulismo religioso, semillas que aún brotan en nuestros días. El Espíritu de las verdaderas enseñanzas de Jesús fructifica todavía en el corazón de los hombres, y aunque ya hayan transcurrido cerca de dos mil años, el «alma» de sus religiosas enseñanzas sigue dando la vuelta al mundo.

Lección IV

El comienzo del misterio

Al regresar Jesús a su país natal después de haber viajado durante algunos años por India, Persia y Egipto, creen los ocultistas que pasó al menos un año en las diversas logias y criptas de los esenios. Ya vimos en la primera lección qué era la Fraternidad de los esenios. Mientras Jesús estudiaba en las cámaras esenias, llamóle la atención la obra de Juan el Bautista, y vio en ella una favorable coyuntura para dar principio a la gran obra que se sentía llamado a cumplir en su nación. Soñaba en convertir a los judíos al concepto que él tenía de la Verdad y de la Vida, y determinó hacer de esta obra la magna empresa de su vida.

Difícil es vencer y desarraigar el sentimiento nacionalista, y Jesús consideraba que al fin y al cabo estaba en su patria, entre sus paisanos, por lo que se reafirmaban los lazos de sangre y de raza. Desechó por tanto su primer propósito de vagabundear por el mundo y resolvió plantar en Israel el estandarte de la Verdad, para que de la capital del pueblo escogido se difundiera por el mundo entero la Luz del Espíritu. Hizo esta elección el hombre Jesús, el judío Jesús, y aunque desde un alto y amplio punto de vista no tenía raza ni país ni patria determinada, su naturaleza humana era demasiado robusta, y al ceder a ella sembró las semillas de su ruina final.

Si hubiera pasado por Judea como un misionero transeúnte, según habían hecho otros antes que él, hubiese evitado las iras gubernamentales, pues aunque se concitara la hostilidad y el odio de los sacerdotes, no diera motivo a que le acusaran de pretender la corona de Israel como rey de los Judíos y Mesías que había de ocupar el trono de David, su antepasado. Pero nada nos permite ceder a especulaciones de esta índole, porque ¿quién sabe la parte que el destino o el hado toma en el plan del universo?; ¿quién sabe en dónde termina el libre albedrío y empieza el destino a mover las piezas en el tablero para que el magno juego de la vida universal se cumpla de conformidad con el plan de Dios?

Mientras Jesús estaba con los esenios, según hemos dicho, oyó por primera vez hablar de Juan, de cuyo ministerio decidió aprovecharse como de favorable apoyo para emprender su magna obra. Comunicó a los monjes esenios su determinación de marcharse a donde estaba Juan, a quien de ello avisaron los monjes. Dice la tradición que Juan ignoraba el nombre del que iría a verle, pues sólo le dijeron que un insigne Maestro de extrañas tierras se le uniría más adelante y que debía preparar a las gentes para su venida.

Juan cumplió al pie de la letra estas instrucciones de sus superiores en la Fraternidad esenia, según vimos en nuestra primera lección con referencia al Nuevo Testamento. Exhortó a las gentes al arrepentimiento y a la rectitud de conducta, a que se bautizaran de conformidad con el rito esenio, y sobre todo a que se preparasen para la venida del Maestro. Les decía con vigorosa voz: «Arrepentíos porque se acerca el reino de los cielos». Arrepentíos porque viene el Maestro».

Cuando las gentes que en torno de Juan se reunían le preguntaban si era el Maestro, respondía: «No soy el que buscáis. El que viene detrás mío es más poderoso que yo, y de sus zapatos no soy digno de desatar la correa. Yo os bautizo con agua, pero él os bautizará con el fuego del Espíritu Santo que está en él». Continuamente los exhortaba a que se preparasen para la venida del Señor. Juan era un verdadero místico que se dedicaba enteramente a la obra por vocación emprendida y se ufanaba de ser el precursor del Maestro, de cuya venida le había informado la Fraternidad.

Según dijimos en la primera lección, un día presentóse ante Juan un hombre de juvenil virilidad, de aspecto digno y tranquilo, que lo miraba con los expresivos ojos del verdadero místico. El forastero solicitó de Juan el bautismo; pero al conocer Juan por los signos y símbolos de la Fraternidad la categoría del forastero, no quiso que recibiese de sus manos el bautismo, porque le era superior en grado oculto. Pero Jesús, que tal era el forastero, le replicó diciendo que no reparase en ello, pues convenía que lo bautizase. Así es que Jesús entró en el agua para recibir de nuevo el místico rito y demostrar a las gentes que había ido allí como uno de tantos. Entonces ocurrió aquel extraño y conocido suceso en que una paloma, como si del cielo bajara, se posó sobre la cabeza de Jesús, y oyóse una suave voz, cual susurro del viento entre los árboles, que decía: «Este es mi Hijo amado, en quien tengo complacencia». Entonces, Jesús, amedrentado por el extraño mensaje del Más Allá, apartóse de la multitud y se fue al desierto, como si necesitara un retiro donde meditar los sucesos del día y considerar la obra que a la sazón veía confusamente desplegarse ante él.

A los vulgares lectores del Nuevo Testamento, poco o nada les emociona la estancia de Jesús en el desierto, porque la consideran como mero incidente de los comienzos de su ministerio; pero los místicos y ocultistas saben por las enseñanzas de su Orden que Jesús fue sometido en el desierto a varias pruebas ocultas con objeto de vigorizar su poder y atestiguar su resistencia. Según saben los miembros de grados superiores de cualquier orden oculta, el grado conocido con el nombre de la «Prueba del Desierto» se funda en la mística experiencia de Jesús y simboliza las pruebas a que fue sometido. Consideremos este suceso de tantísima significación e importancia para los verdaderos ocultistas.

El desierto a donde Jesús dirigió sus pasos estaba muy lejos del río Jordán en donde recibió el bautismo. Dejando tras sí las fértiles riberas y los campos de cultivo, acercóse al desolado desierto que aun los naturales del país miraban con supersticioso horror. Era uno de los más áridos y fantásticos parajes de aquella fantástica y árida porción del país, llamado por los judíos «la mansión del horror», «el desolado lugar del terror y la espantosa región», con otros nombres sugerentes del supersticioso temor que infundio en sus corazones. El misterio de los lugares solitarios planeaba sobre aquel paraje y únicamente los hombres de esforzado corazón se aventuraban en su recinto. Aunque de la índole de los desiertos, abundaba aquel lugar en desnudas y repulsivas colinas, riscos, camellones y despeñaderos. Quien haya visto alguno de los desolados parajes del continente americano, o haya leído las descripciones del Valle de la Muerte o de tierras alcalinas, podrán tener idea de la naturaleza del desierto hacia donde se dirigía el Maestro.

Según adelantaba en su camino, iba poco a poco desapareciendo toda normal vegetación, hasta que sólo quedaron las macilentas malezas peculiares de tan desolados lugares, las formas de vida vegetativa que en su lucha por la existencia habían logrado persistir en tan adversas condiciones para mostrar a los naturalistas la superación de las ordinarias leyes, por ellos conocidas, de la vida vegetal.

Poco a poco iba desapareciendo la prolífica vida animal de las tierras bajas, hasta no dejar otro rastro de ella que los buitres cernidos sobre la cabeza y los eventuales reptiles bajo los pies del caminante cobijado por el grave silencio de cuanto le rodeaba, tanto más grave a medida que adelantaba el paso. Hubo un momento de interrupción en la terrible escena al atravesar el último lugar habitado en el camino del corazón del desierto. Era la aldea de Egendi, donde estaban los calizos depósitos de agua que abastecían a las tierras bajas del país. Los pocos habitantes de aquel remoto puesto avanzado de la primitiva civilización, miraban con pavorosa extrañeza al solitario viajero que pasaba sin dirigirles ni una mirada, como si con la vista horadase las áridas colinas que a lo lejos se divisaban y encubrían los recónditos repuestos no hollados por el hombre, pues hasta los más animosos no osaban penetrar allí, atemorizados por los fantásticos relatos que representaban aquel lugar como escenario de las diabólicas orgías de las siniestras y malignas entidades a que san Pablo llama las potestades del aire.

Adelante caminaba el Maestro sin apenas fijarse en el desolador espectáculo del paisaje, que ya sólo mostraba sombríos riscos, tenebrosos despeñaderos y desnudas rocas, sin otro alivio de su aridez que los esporádicos mechones de fibrosas hierbas silvestres y fantásticos cardos erizados de protectoras espinas que los defienden de sus enemigos.

Al fin el caminante llegó a la cumbre de una alta colina, desde donde contempló el escenario que ante su vista se desplegaba, capaz de oprimir el corazón de un hombre vulgar. Tras sí dejaba el país por donde había pasado, que aunque sombrío y árido era un paraíso en comparación con el que tenía delante. A su alrededor estaban las cuevas y madrigueras de los forajidos que habían buscado allí la dudosa seguridad contra las leyes humanas; y en la lejanía columbraba el escenario del ministerio de Juan el Bautista, donde imaginativamente veía a las muchedumbres discutiendo sobre la verdad del extraño Maestro anunciado por aquella Voz, pero que había rápidamente desaparecido de la escena huyendo del gentío que forzosamente le hubiese adorado como a Maestro, y obedeciendo sus menores mandatos.

Por las noches dormiría en alguna escarpa de la colina o al borde de un profundo precipicio. Pero estas cosas no le conturbaban, y a cada nueva aurora, se adelantaba en ayuno hacia el corazón del desierto, guiado por el Espíritu, al lugar donde había de sostener la acerba lucha espiritual que por intuición conocía que le aguardaba.

Las palabras de la Voz le acosaban, aunque no del todo las comprendía porque aún no había movilizado las íntimas reservas de su mente espiritual. ¿Qué significaban aquellas palabras: «Este es mi Hijo amado, en quien tengo complacencia»? Y todavía no llegaba la respuesta al clamor de su alma, que en vano buscaba la explícita solución de aquel enigma. Y siguió caminando hasta que al fin escaló la escarpada falda de la desnuda montaña de Quarantana, allende la cual presentía que iba a comenzar su lucha. No encontraría nada con que sustentarse y habría de entablar la batalla sin el material alimento que ordinariamente necesita el hombre para mantener su vida y reparar sus fuerzas. Y aún no había recibido la respuesta al clamor de su alma. Las peñas que hollaban sus pies, el cielo azul que sobre su cabeza se extendía y los altos picos de Moab y Gilead, que se erguían en lontananza, no daban respuesta alguna al ardoroso e insistente anhelo de escrutar el enigma de la Voz. La respuesta había de llegar de su interior, de sí mismo únicamente. Y en el corazón del desierto había de permanecer sin alimento, sin abrigo y sin humana compañía hasta que llegase la respuesta. Por la misma experiencia que el Maestro han de pasar los discípulos cuando alcancen el punto de evolución en que únicamente es posible recibir la respuesta. Han de experimentar el pavoroso sentimiento de «soledad», de hambre espiritual, de espantoso alejamiento de todo cuanto tiene el mundo en estima, antes de que brote la respuesta del interior, del Santo de los Santos del Espíritu.

Para comprender la índole de la lucha espiritual que aguardaba a Jesús en el desierto, la lucha que había de ponerlo frente a frente de su propia alma, es necesario considerar la anhelosa expectación de los Judíos por el Mesías. Las tradiciones mesiánicas habían arraigado hondamente en la mentalidad del pueblo judío, y sólo necesitaban la chispa de una vigorosa personalidad para entusiasmar fervorosamente a Israel y destruir con su fuego las influencias extranjeras que habían amortiguado el espíritu nacional. En el corazón de todo judío digno de este nombre estaba grabada la idea de que el Mesías nacería de la estirpe de David y vendría a ocupar el legítimo puesto como Rey de los judíos. Oprimido estaba Israel por sus conquistadores y sujeto a un yugo extranjero; mas cuando el Mesías viniese a liberar a Israel, todos los judíos se levantarían unánimes para expulsar a los invasores y conquistadores extranjeros, y sacudir el yugo de Roma e Israel a ocuparía su sitio entre las naciones de la tierra.

Jesús conocía muy bien esta esperanza nacional, porque desde niño se la habían infundido en su ánimo. Había meditado frecuentemente sobre ella durante su peregrinación y permanencia en países extraños. Sin embargo, las ocultas tradiciones no le señalaron como Mesías hasta que regresó a su patria después de los años de estudio y servicio en las naciones extranjeras. Creía que la idea de ser el tan esperado Mesías la había insinuado algún instructor esenio, durante la temporada que con ellos estuvo antes de presentarse ante Juan el Bautista. Se le dijo que los maravillosos sucesos que habían acompañado a su nacimiento le destinaban a desempeñar una importantísima parte en la historia del mundo. Así pues, ¿no era razonable creer que dicho papel había de ser el de Mesías venido para sentarse en el trono de David, su padre, y realzar a Israel de su oscura posición a la de refulgente estrella en el firmamento de las naciones? ¿Por qué no había de ser él quien condujese al pueblo escogido a su propio lugar?

Jesús empezó a meditar en estas cosas. No tenía en absoluto ambiciones personales, pues se inclinaba por natural impulso a la vida de un asceta ocultista; pero la idea de redimir y regenerar a Israel era capaz de inflamar la sangre de todo judío, aunque careciese de ambiciones personales.

Siempre había creído Jesús de uno u otro modo que era diferente de los demás hombres y que le esperaba una magna obra, aunque no comprendía cuál fuese su propia naturaleza ni la índole de la obra que había de realizar. Así, no es extraño que las manifestaciones de los esenios le moviesen a reflexionar detenidamente sobre la idea que le expusieron. Además, el maravilloso suceso de la paloma y la Voz cuando le bautizó Juan, parecía confirmar la idea de los esenios. ¿Era él verdaderamente el tan esperado libertador de Israel? Seguramente debía averiguarlo y arrancar la respuesta de lo más recóndito de su alma. Por esto buscó refugio en el desierto, con el intuitivo presentimiento de que en la soledad y la desolación pelearía su batalla y recibiría la respuesta.

Comprendía que estaba en una importantísima fase de la obra de su vida y le era preciso formularse allí mismo y de una vez por todas, la pregunta: «¿Quién soy?». Así es que se apartó de las admiradoras y adorantes multitudes de los partidarios de Juan, en busca de la soledad de los áridos parajes del desierto, en donde presentía colocarse frente a frente de su propia alma y recibiría la respuesta.

En el más recóndito paraje del corazón del desierto luchó Jesús espiritualmente consigo mismo durante muchos días sin alimento ni abrigo. Terrible fue la lucha, como digna de tan gran alma. Primeramente hubo de combatir y dominar las insistentes necesidades del cuerpo. Refiérese que el punto culminante de la lucha física llegó un día en que la mente instintiva que preside las funciones fisiológicas le exigió desesperadamente el sustento del cuerpo con todas las fuerzas de su naturaleza, y sugirióle la idea de que si mediante ocultos poderes era capaz de convertir en pan las piedras, que las convirtiese y corriera para satisfacer el hambre, cosa severamente condenada por los verdaderos místicos y ocultistas.

La voz del Tentador le gritaba: «Di que estas piedras se conviertan en pan». Pero Jesús resistió la tentación, aunque sabía que por el poder de su concentrado pensamiento no tenía más que forjar la imagen mental de la piedra como si fuese pan y después querer que se materializara el pan. El milagroso poder con que ulteriormente convirtió el agua en vino y más tarde empleó en multiplicar los panes y los peces lo capacitaba en aquel momento para satisfacer las ansias de su cuerpo y quebrantar el ayuno.

Únicamente el adelantado ocultista que conoce la tentación de emplear sus poderes en personal provecho, puede comprender la naturaleza de la lucha que Jesús hubo de librar y de la que salió victorioso. Como oculto Maestro que era, desplegó todas sus fuerzas internas para vencer al Tentador.

Pero todavía otra tentación mayor iba a ponerlo en extrema prueba. Acometióle la idea del mesianismo y del reinado sobre los judíos, a que ya hemos aludido. ¿Era el Mesías? Y si lo era, ¿cuál había de ser la norma de su vida y acciones? ¿Estaba destinado a despojarse de las ropas y el bordón del asceta e investirse la regia púrpura y empuñar el cetro? ¿Había de abandonar las funciones de guía e instructor espiritual y ser el rey y gobernante de Israel? Estas preguntas dirigía a su alma en demanda de respuesta.

Y las tradiciones místicas nos informan que su espíritu respondió mostrándole dos imágenes mentales con la seguridad de que *podría escoger a su albedrío una de ambas y realizarla.*

La primera imagen le representaba fiel a sus instintos espirituales y leal a su misión, pero que lo convertiría en el «Hombre de las Aflicciones». Se vio continuando en la tarea de sembrar las semillas de la Verdad, que siglos después germinarían, florecerían y fructificarían para nutrir al mundo, pero que de momento atraerían sobre su cabeza el odio y la persecución de las terrenas potestades. Vio las sucesivas etapas que iban acercándose al final, hasta que se vio coronado de espinas y muerto como un criminal en la cruz entre dos facinerosos de la peor calaña. Todo esto vio y su esforzado corazón afligióse morbosamente al pensar en el ignominioso fin de todo aquello, en el aparente fracaso de su terrena misión. Pero refiérese que algunas de las poderosas entidades que moran en los planos superiores de existencia le rodearon y le dieron con sus palabras aliento y esperanza para decidirse. Se halló literalmente en medio de la hueste celestial que le inspiraron con su presencia.

Después de que esta imagen mental y la hueste de protectores invisibles desaparecieran, la segunda imagen comenzó a dibujarse ante la visión del solitario morador del desierto. Se vio bajando de la montaña y anunciándose como el Mesías, el rey de los judíos, venido a conducir a su pueblo predilecto a la victoria y a la liberación. Se vio aclamado como el Prometido de

Israel, y la multitud se agrupaba bajo sus banderas. Se vio al frente de un conquistador ejército que marchaba hacia Jerusalén. Se vio empleando sus formidables poderes ocultos para leer el pensamiento del enemigo y conocer así sus intenciones y movimientos y los medios de vencerle. Se vio armado y sustentado milagrosamente a sus batalladoras huestes. Se vio despedazando al enemigo con sus fuerzas y poderes ocultos. Vio sacudido el yugo de Roma y sus falanges fugitivas que transponían las fronteras en terrible y vergonzosa derrota. Se vio escalando el trono de David, su abuelo. Se vio estableciendo un reino de tipo supremo, que haría de Israel la principal nación del mundo. Vio extendida la esfera de influencia de Israel en todas direcciones hasta Persia, Egipto, Grecia y aun hasta la un tiempo temida Roma, convertidas en naciones tributarias. Se vio en un día de festejada victoria, llevando atado en la trasera de su triunfal carroza al César romano como esclavo del rey de Israel. Vio su regia corte sobrepujando a la de Salomón y constituida en centro del mundo. Vio en Jerusalén la capital del mundo y él, Jesús de Nazaret, hijo de David, el rey, su gobernante, su héroe, su semidiós. La imagen representaba la apoteosis del éxito humano de él y de su amado pueblo judío. Vio después que el Templo era el centro del pensamiento religioso del mundo, y que la religión de los judíos, modificada de conformidad con sus adelantadas opiniones, sería la religión de todos los hombres, y él sería el favorito intérprete del Dios de Israel. Todos los sueños de los patriarcas hebreos se realizarían en su persona, el Mesías del Nuevo Israel, cuya capital sería Jerusalén, la reina del mundo.

Y todo esto por el mero ejercicio de sus ocultos poderes dirigidos por Su Voluntad. Refieren las tradiciones que, atraídas por el formidable poder de esta segunda representación imaginativa, le rodearon todas las potentes ondas mentales emitidas en las diversas épocas del mundo por los hombres ambiciosos de poderío. Estas ondas envolvieron la mente de Jesús como densa niebla con vibraciones casi irresistibles. También acudieron las huestes de almas desencarnadas de cuantos en la vida terrena habían ambicionado o ejercido el poder, y todos se esforzaban en infundir en su ánimo el deseo de poderío. Nunca en la historia de la humanidad se congregaron de tal modo las Potestades tenebrosas para asediar la mente de un mortal. ¿Hubiera sido extraño que aun tal hombre como Jesús sucumbiera?

Pero no sucumbió. Movilizando en su auxilio las fuerzas internas, arremetió contra las expugnantes hordas y con un esfuerzo de su voluntad desvaneció la imagen y ahuyentó a los tentadores sepultándolos en el olvido, al exclamar indignado: «No tentaras al Señor tu Dios».

Así fracasó la tentación del desierto y Jesús recibió la respuesta de su alma, y bajó de la montaña llevando a cuestas las persecuciones de los hombres, la visión de los tres años de trabajo y sufrimiento y de su muerte. Sabía perfectamente bien lo que le esperaba. ¿No había visto la primera imagen mental? Jesús había escogido su misión.

Bajó el Maestro de la montaña y abandonando el desierto volvióse a donde Juan estaba con sus discípulos. Allí descansó algún tiempo, se refrescó con el sustento corporal y concentró sus energías para su magna obra.

Los discípulos de Juan rodearon a Jesús creídos de que era el Mesías venido para conducirlos a la victoria. Pero él les desengañó diciéndoles que no pretendía la corona real, y tranquila y sencillamente les preguntó: «¿Qué queréis de mí?». Muchos se marcharon avergonzados y volvieron a juntarse con la multitud; pero unas cuantas almas humildes se quedaron y después vinieron algunas más hasta formar un corto grupo de doctrinos, que fueron los primeros discípulos cristianos. Estaba el grupo compuesto principalmente de pescadores y hombres de oficio igualmente humilde. No había nadie de categoría y posición social. Sus discípulos eran de la «clase popular», la que siempre ha proporcionado los primeros fieles de toda gran religión.

Pasado algún tiempo, se marchó Jesús de aquel lugar seguido por sus discípulos, que aumentaban en cada punto donde se reunían. Algunos desertaban más tarde, pero otros sustituían a los descorazonados de poca fe. Fue creciendo el grupo constantemente hasta llamar la atención de las autoridades y el público. Jesús no cesaba de decir que no era el Mesías; pero se esparció la voz de que en realidad lo era, y las autoridades emprendieron entonces aquel sistema de espionaje y vigilancia que le siguió los pasos durante tres años y que al fin terminó con su muerte en la cruz.

El sacerdocio judío alentaba las sospechas contra Jesús, pues odiaba al joven instructor cuya oposición a la tiranía y formalismo sacerdotal era notoria.

Llegaron un día los discípulos a un lugar de Galilea, donde Jesús dioles sus acostumbradas enseñanzas. Cerca del punto de reunión había una casa en que se hacían los preparativos de un festín de bodas. La ceremonia matrimonial ha tenido siempre suma importancia entre los judíos, sobre todo en lo referente a la dote que los padres de la novia le concedían. Los parientes lejanos y cercanos acudían a la fiesta, y como Jesús era pariente lejano de la novia lo invitaron al banquete.

Los invitados fueron acudiendo y cada cual dejaba sus sandalias en el patio y entraba en la casa descalzo, después de haberse lavado cuidadosamente los pies y tobillos según la costumbre todavía predominante en los países orientales. Acompañaron a Jesús algunos de sus fieles discípulos, y su madre y hermanos estaban también entre los parientes convidados a la comida de bodas.

La presencia de Jesús despertó mucho interés y suscitó varios comentarios en los demás comensales. Para unos, era sencillamente un instructor religioso de paso, de los frecuentes en aquella tierra, mientras que para otros era un inspirado profeta que traía a los judíos un admirable mensaje, como ya lo había llevado a los persas, egipcios e indos. También había quienes lo consideraban mucho más aún, y los susurros de «es el Mesías», «el rey de Israel», circularon entre los presentes y motivaron interés, inquietud o disgusto, según las opiniones de cada quien. Pero sus ademanes, actitudes, expresiones y movimientos llamaban la atención de todos, y todos comprendían que era una prestigiosa individualidad. Los curiosos relatos acerca de sus peregrinaciones por tierras extrañas acrecentaban el interés que despertaba su presencia.

El presentimiento de que algo extraordinario iba a suceder se apoderaba del ánimo de los comensales, como suele suceder en semejantes casos. María miraba anhelosamente a su hijo, porque advertía en él una extraña mudanza más allá de su comprensión.

Hacia el final del banquete, corrió en voz baja por entre los más cercanos parientes la noticia de que estaba a punto de acabarse el vino, pues los comensales habían sido en mayor número del calculado.

Semejante contratiempo era para una familia lo mismo que una desgracia, y unos a otros se miraban anhelosamente.

Dice la tradición que María y otro pariente solicitaron en aquel trance el auxilio de Jesús. No aparece muy claro lo que de él se esperaba, pero es probable que instintivamente reconocieran todos su grandeza y le consideraran como el jefe natural de la familia, ya que era su más insigne miembro. De todos modos, lo cierto es que solicitaron su ayuda.

No sabemos qué argumentos emplearon ni qué razones adujeron, pero fuese lo que fuese lograron que accediese a la solicitación, aunque no sin advertirles que sus poderes no habían de emplearse en fruslerías como aquellas que no eran de su incumbencia. Sin embargo, el amor que a su madre profesaba y el deseo de recompensarla de la devoción y fe que en él tenía, prevalecieron contra la natural repugnancia del místico a ser «milagrero» y exhibir sus ocultos poderes en un festín de bodas. Había aprendido Jesús de los Maestros de la lejana India, la tierra de los prodigios, el procedimiento sencillísimo de convertir el agua en vino, que fuera risible juego para el más humilde yogui indio. Así le pareció la cosa de poca importancia sin asomo de prostitución de los ocultos poderes, y cedió al requerimiento de auxilio.

Fue entonces Jesús al patio en donde había gran número de tinajas llenas de agua y clavando en ellas una tras otra su aguda y ardiente mirada y pasando rápidamente la mano sobre ellas, forjó la imagen mental que precede a semejantes manifestaciones del oculto poder, y usando de su voluntad según saben usarla los ocultistas avanzados, materializó prontamente los elementos del vino en el agua de las tinajas, y he aquí realizado el milagro.

Un estremecimiento de excitación sobrecogió a la concurrencia y todos acudieron a gustar el vino elaborado por su oculto poder.

Al enterarse del caso, los sacerdotes fruncieron el ceño con disgusto y las autoridades dijeron despectivamente que Jesús era un charlatán, un descarado impostor, un tramposo y otros dicterios que siempre se lanzan después de un suceso de esta índole.

Jesús se marchó tristemente apenado. En la India hubiera promovido tan sólo breves comentarios una tan sencilla operación ocultista, mientras que en su propio país lo consideraban unos como admirable prodigio y otros como una trampa de charlatán prestidigitador.

¿Qué clase de gente eran aquellas a las que había decidido comunicar el Mensaje de Vida?

Y suspirando profundamente, salió de la casa y volvióse a su campamento.

Lección V

La Fundación de la Obra

Muy incompleto es el relato de los evangelios sobre el primer año del ministerio de Jesús entre los judíos. Los teólogos lo han llamado el año de la oscuridad, pero las tradiciones ocultas lo consideran importantísimo, porque entonces echó Jesús los cimientos de su futura obra.

Recorrió todo el país y estableció pequeños grupos de discípulos y centros interesantes. En ciudades, villas y aldeas dejó tras sí grupos de fieles estudiantes que mantuvieron viva la llama de la Verdad con la que mucho después encendieron las lámparas de cuantos quedaron atraídos por la luz. Siempre predicaba entre los humildes, convencido de que la obra debía comenzar por los peldaños inferiores de la escala social. Pero al poco tiempo, algunos de los más entonados personajes asistieron a las reuniones movidos por pura curiosidad y con ganas de burlarse y reírse, pero hubo quienes, muy impresionados, se quedaron a orar. La levadura estaba bien mezclada con la masa del pueblo judío y comenzaba a actuar.

De nuevo llegó la festividad de Pascua cuando Jesús y sus discípulos estaban en el templo de Jerusalén. Muchos recuerdos le despertaba aquel lugar y en su imaginación veía las mismas escenas en que había tomado parte diecisiete años antes. Una vez más presenció la despiadada matanza de inocentes corderos y el derrame de la sangre sacrificial sobre los altares y las piedras de los atrios. Una vez más vio las necias mojigangas de las ceremonias sacerdotales, que le parecieron más lastimosas que nunca a su preclara mente. Su visión le había mostrado que lo inmolarían como a los corderos del sacrificio, y entonces fijó para en adelante en su mente la comparación que le representaba el Cordero inmolado en el altar de la humanidad.

Tan pura como era esta comparación en su mente, es deplorable que en posteriores siglos cayeran sus adeptos en el error, tan cruel como el de los hebreos, de creer que su muerte era un sacrificio exigido por una sanguinaria Deidad para aplacar su cólera encendida por el pecado del hombre.

El bárbaro concepto de un Dios iracundo cuya cólera contra su pueblo sólo podía apaciguarse por el derrame de la sangre de inocentes animales, se reproduce en el dogma teológico de que la ira de Dios por la desobediencia del hombre, sólo podía y pudo desvanecerse con la sangre de Jesús, el Maestro venido a proclamar el Mensaje de Verdad. Semejante concepto sólo cabe en mentes bárbaras y primitivas; y, sin embargo, se ha predicado y enseñado durante siglos enteros en nombre del mismo Jesús, y los dogmatizantes persiguieron, encarcelaron y quemaron a cuantos repugnaban creer que el supremo Creador del universo fuese un ser tan maligno, cruel y vengativo o que la Mente universal pudiera, con lisonjas y halagos, conceder su perdón a la vista de la muerte del Hombre de las Aflicciones. Parece increíble que semejantes absurdos hayan derivado de las puras enseñanzas de Jesús, y que por la incapacidad de los hombres para comprender y asimilarse la doctrina esotérica de Jesús haya adoptado y enseñado tales despropósitos la Iglesia fundada sobre el ministerio de Jesús. Pero poco a poco se va disipando esta mefítica nube de ignorancia y barbarie mental, de modo que hoy día los eclesiásticos de claro entendimiento ya no aceptan ni enseñan dicho dogma en su original crudeza, y lo pasan en silencio o le dan más atractiva interpretación.

Jesús no enseñó semejantes dislates. Muy elevado era su concepto de Dios, porque había recibido las enseñanzas superiores de los místicos que le instruyeron en el misterio de la inmanencia de Dios que está en todas partes y en todas las cosas. Había trascendido el blasfemo concepto de Dios que lo representa como una salvaje, vengativa y rencorosa divinidad de tribu, sedienta de sangre, clamando siempre por sacrificios cruentos y abrasadas ofrendas y capaz de las más ruines pasiones humanas. Se dio cuenta Jesús de que tan estúpido concepto era el mismo de otros pueblos, cada uno de los cuales tenía sus peculiares dioses que lo protegían a la par que odiaban a los dioses de los demás pueblos. Comprendió que tras estos bárbaros y primitivos conceptos de la divinidad se ocultaba el siempre tranquilo y sereno Ser, el Creador y Gobernador de innumerables universos de millones de mundos, que voltean en el espacio, y muy por encima de los mezquinos atributos otorgados por el hombre a los dioses de su invención. Comprendía Jesús que el dios de cada nación y aun el de cada individuo no era más que la amplificada idea de las características del respectivo individuo o nación, y sabía que no era excepción de esta regla el hebreo concepto de Dios. El dogma de un Dios exigente de sacrificios sangrientos es demasiado despreciable para que lo tome en consideración quienquiera que haya apreciado la magnitud y grandiosidad de la idea de un inmanente Ser universal, pues justa será su indignada protesta contra la prostitución de las enseñanzas de Jesús, con la supersticiosa añadidura de tamaño absurdo. Los místicos cristianos no aceptaron jamás tales enseñanzas, aunque las autoridades eclesiásticas lograron impedir hasta hace algunos años que manifestaran abiertamente su protesta. Únicamente los místicos mantuvieron encendida la luz de la Verdad durante las tenebrosas épocas de la Iglesia cristiana. Pero apunta la aurora de un nuevo día y la misma Iglesia ve la luz y en los púlpitos empieza a resonar la verdad del cristianismo místico, de suerte que en el porvenir las enseñanzas del Maestro Jesús fluirán puras y claras y libres de los corruptores dogmas que durante siglos contaminaron la Fuente.

Mientras Jesús recorría silenciosamente los atrios y dependencias del Templo, se indignó a la vista de un espectáculo que más que otro alguno denotaba la degradación del Templo a causa de lo corrompido del sacerdocio. En las escalinatas y en los atrios exteriores se agrupaban los chamarileros, cambiadores y mercaderes que hacían astutos negocios a costa de los forasteros llegados a la fiesta. Los banqueros o cambiadores de moneda daban la del país a cambio abusivo de las extranjeras. Los chamarileros prestaban dinero usurario sobre las cosas que los peregrinos necesitaban empeñar para adquirir el cordero del sacrificio, o las compraban a precios irrisorios. Los mercaderes tenían rebaños de ovejas y corderos, y jaulas de palomas en el sagrado recinto del Templo, para venderlos a los peregrinos que deseaban ofrecer sacrificio. Enseña la tradición que los corruptos sacerdotes cobraban un canon por la concesión de puestos de venta a aquella horda de traficantes en el recinto del Templo. Esta mala costumbre había ido cundiendo de año en año hasta arraigar profundamente, aunque era contraria a las antiguas prácticas.

Le pareció a Jesús que las horribles escenas de los ritos sacrificales se enfocaban en aquella final exhibición de codicia, materialismo y falta de espiritualidad. Resultaba aquello evidentísima blasfema y sacrilegio, y estremecióse el alma de Jesús de repugnancia e indignación ante tan profanador espectáculo. Se le crisparon los dedos, y empuñando un manojo de nudosas cuerdas que sin duda había empleado algún pastor para acuciar al rebaño, arremetió contra la horda de mercaderes y traficantes sobre cuyos hombros y espaldas descargaba repetidamente los zurriagazos, exclamando con autoritaria voz: «Mi casa, casa de oración será llamada; mas vosotros la habéis hecho cueva de ladrones». El manso y amable nazareno fue entonces el riguroso purificador de la prostitución del Templo.

Chamarileros, cambiantes y mercaderes escaparon presurosos, echando a rodar mesas y monedas. No se atrevieron a volver, porque Jesús había suscitado la indignación del pueblo que clamaba por la antigua práctica que protegía al Templo contra semejante invasión. Pero los mercaderes acudieron en queja a los príncipes de los sacerdotes, lamentando amargamente aquella anulación de sus «privilegios» y «franquicias» por las que habían pagado tan crecido impuesto. Se vieron obligados los príncipes de los sacerdotes a devolver el importe de los exigidos derechos de concesión de puestos, por lo que se enojaron muchísimo y juraron vengarse del Maestro que había osado echar a perder su sistema de exacción. Este vengativo odio fue creciendo a cada momento y ocasionó en gran parte las intrigas y maquinaciones que dos años después dieron por resultado la espantosa escena del Calvario.

Empleó Jesús los meses siguientes en recorrer diversas comarcas del país, por donde extendió su obra con ganancias de nuevos discípulos.

No asumió Jesús por entonces la actitud de un gran predicador, sino más bien la de un modesto instructor que se limitaba a enseñar a los pocos que se le unían en cada lugar por donde pasaba. Observaba muy pocas ceremonias, la principal el bautismo, que según dijimos era un rito esenio de oculto y místico significado. El relato evangélico del ministerio de Jesús en aquel tiempo denota cómo iba actuando la levadura en la masa mental de los judíos.

Por entonces afligióse amargamente Jesús al recibir la noticia de lo sucedido a su primo y precursor Juan el Bautista, quien se había atrevido a llevar sus predicaciones y censuras al seno de una corte corrompida y había atraído sobre su cabeza las naturales consecuencias de su temeridad. Herodes había encerrado a Juan en una mazmorra y corrían rumores de que le aguardaba más aciaga suerte, como no tardó en sobrevenir. Con el horror de un verdadero místico, rechazó por completo la vil oferta de libertad y vida que le hicieron si quebrantaba sus ascéticos votos y cedía a los pasionales deseos de una princesa real. Sufrió su destino como quien conoce la Verdad, y la cabeza ofrecida en la regia bandeja no expresaba en su rostro ni la más leve expresión de temor ni pesar. Juan había vencido aun en su misma muerte.

Retiróse otra vez Jesús al desierto al enterarse de la muerte de Juan. Añadíase a su tristeza el convencimiento de que le aguardaba nueva tarea que emprender, porque la muerte de Juan requería combinar la obra del Bautista con la del propio ministerio de Jesús. Los discípulos de ambos instructores habían de fusionarse en una sola corporación dirigida por el mismo Maestro, con el auxilio de los más valiosos y capaces discípulos. La trágica muerte de Juan tuvo poquísima influencia en el futuro ministerio del Maestro, quien por ello buscó el sosiego y la inspiración del desierto para considerar los planes y pormenores de su nueva obra. Desde que salió del desierto despojóse de aquel manto de reserva y retraimiento que hasta entonces lo caracterizara y presentóse impávidamente ante el pueblo como ardoroso predicador de las multitudes y desapasionado orador público. Ya no más círculos de pocos oyentes. El mundo había de ser desde entonces su tribuna y la humanidad su auditorio.

Al regresar de Samaria y Judea, puso de nuevo en Galilea el escenario de su principal actuación. El nuevo espíritu que infundía en sus predicaciones atrajo la atención pública y un enorme gentío acudía a escucharle. Hablaba con un nuevo aire de autoridad, muy diferente de su primer suave tono como instructor de unos pocos. De sus labios salían parábolas, alegorías y otras hermosas figuras orientales de dicción, por lo que muchas personas cultas acudían a escuchar al joven y elocuente predicador. Parecía penetrar por intuición en la mente de los que le escuchaban, y sus exhortaciones les conmovían el corazón como un personal llamamiento a la justicia y a la rectitud de pensamiento y de conducta. De entonces en adelante tomó su ministerio el carácter de activa propaganda en vez de la acostumbradamente tranquila misión del místico.

Entonces comenzó aquella notable serie de prodigios que evidentemente realizó Jesús para llamar la atención pública y al propio tiempo hacer benéficas obras. No se conducía así Jesús por vanagloria personal ni deseo de excitar el interés apasionado de las gentes, pues semejante conducta era incompatible con su carácter, sino que sabía muy bien que nada como los prodigios sería capaz de despertar el curioso interés de una raza oriental, y una vez despertado lo aprovecharía para excitar a su vez en las gentes un verdadero y fervoroso interés espiritual que excedería en mucho a la demanda de milagros. Al adaptar esta norma de conducta, seguía Jesús el ejemplo de los yoguis de la India, con cuya actuación se había familiarizado durante su permanencia en aquella tierra.

Los ocultistas adelantados no ven nada «sobrenatural» ni increíble en estos «milagros» de Jesús. Por el contrario, saben que son el resultado de la aplicación de ciertas leyes naturales, perfectamente establecidas, que aunque ignoradas de la generalidad de las gentes las conocen y aplican eventualmente los ocultistas adelantados del mundo entero. Los escépticos e incrédulos podrán mofarse de estas cosas y los cristianos tibios querrán que se les expliquen o justifiquen tan maravillosos hechos; pero el ocultista avanzado no necesita «explicaciones» ni justificación, pues tiene más fe que el devoto vulgar, porque conoce la existencia y el uso de estos ocultos poderes latentes en el hombre. Ningún fenómeno ni efecto físico es sobrenatural, porque las leyes de la naturaleza actúan plenamente en el mundo físico y no es posible contravenirlas; pero en dichas leyes hay ciertas fases y principios tan poco conocidos de la generalidad de las gentes que al manifestarse parece como si trascendieran las leyes de la naturaleza y se produjera lo que se llama un «milagro». La tradición oculta nos enseña que Jesús estaba muy versado en el conocimiento y aplicación de las fuerzas ocultas de la naturaleza, y que cuantos prodigios operó durante su ministerio entre los judíos, fueron juegos infantiles en comparación con los que hubiera podido realizar si lo considerara necesario. En efecto, se cree que nada dicen los evangelistas ni demás autores del Nuevo Testamento acerca de los más admirables milagros de Jesús, porque siempre recomendaba a sus discípulos que no dieran mucha importancia a tales fenómenos. Los milagros referidos en los evangelios fueron los de mayor dominio público. Las verdaderas maravillas eran demasiado sagradas para entregarlas a los comentarios del vulgo.

Cuando el Maestro y sus discípulos llegaron a Caná, en donde anteriormente había operado su primer milagro, la conversión del agua en vino, realizó una de las más admirables manifestaciones de su oculto poder. Un conspicuo ciudadano de Cafarnaún, ciudad distante de allí unos veinticinco kilómetros, vino a Jesús en súplica de que curase a su hijo en casa moribundo, y que se apresurara a ir a Cafarnaún antes de que muriese. Jesús miró con amable sonrisa al suplicante, diciéndole que se volviese a su casa porque su hijo ya estaba bueno y sano. Los circunstantes quedaron asombrados de la respuesta, y los incrédulos sonrieron maliciosamente previendo el fracaso del joven Maestro cuando se recibiese la noticia de la muerte del enfermo. Los que de entre sus discípulos no estaban muy firmes en la fe y eran de apocado ánimo, se descorazonaron al pensar en la posibilidad del fracaso. Pero Jesús prosiguió tranquilamente su instructiva labor con aire de seguridad y sin ulterior observación. Era la *hora séptima* cuando Jesús dijo que estaba sano y salvo el enfermo.

El padre apresuróse a regresar a su casa para ver si el Maestro había o no acertado. Transcurrieron en Caná dos días sin noticias de Cafarnaún. Los que se habían mofado cuando el festín de bodas reiteraron sus chacotas y el dicterio de «charlatán» volvió a pasar de labio en labio. Pero entonces vinieron noticias de Cafarnaún, diciendo que al llegar el padre a su casa lo había recibido gozosamente la familia con gritos de júbilo, porque a la *hora séptima* había remitido la fiebre y quedado el enfermo fuera de peligro.

Sin embargo, el milagro no era mayor que el realizado por los ocultistas en toda época ni que las análogas curaciones efectuadas por los terapeutas hipnóticos y sugerentes de nuestros días. Fue sencillamente la aplicación de las fuerzas sutiles de la naturaleza puestas en actividad por la concentración mental. Fue un ejemplo de lo que hay día se llama «tratamiento telepático». Al decir esto no intentamos en modo alguno menoscabar el mérito de la operación realizada por Jesús, sino tan sólo representar al lector que el mismo poder poseen otros hombres y no es «sobrenatural», sino la pura actuación de leyes naturales.

Por entonces ocurrió en la vida de Jesús un suceso con nueva manifestación de su poder, que relatan los evangelios, pero del cual da más pormenores la tradición oculta. Llegó Jesús a su familiar ciudad de Nazaret la víspera de un sábado y después del nocturno descanso asistió en la mañana del día siguiente al servicio religioso de la sinagoga de la localidad y ocupó el mismo asiento en que acostumbraba a acomodarse cuando de niño iba con José, y por supuesto que acudirían a su memoria los familiares recuerdos de su niñez. Mucha fue su sorpresa al oír que le llamaban para dirigir el servicio, pues conviene advertir que Jesús era por nacimiento y educación rabino o sacerdote regular, y por tanto tenía derecho a dirigir el servicio religioso. Sin duda sus convecinos deseaban escuchar sus exhortaciones. Ocupó Jesús la presidencia de la sinagoga y procedió a leer el servicio regular de la acostumbrada manera prescrita por los hábitos y leyes de la Iglesia. Sucediéronse ordenadamente las oraciones, los himnos y las lecturas. Llegada la hora del sermón, tomó Jesús el libro sagrado y escogió por tema el pasaje de Isaías que dice: «El espíritu del Señor está en mí porque me ha ungido para predicar la buena nueva, etc.». En seguida comenzó a explayarse sobre el tema: pero en vez de las usuales y esperadas frases áridamente vulgares, quisquillosas y de puro tecnicismo teológico, predicó de un modo en que no estaban acostumbrados los nazarenos. Su primera frase fue: «Hoy se ha cumplido esta escritura ante nosotros». El auditorio quedó profundamente impresionado por estas palabras.

Prosiguió Jesús refiriéndose al concepto que tenía de su ministerio y de su mensaje, y prescindiendo de toda precedente y rancia autoridad, proclamó valientemente que había venido a establecer un nuevo concepto de la Verdad, que subvertiría el sistema sacerdotal de formulismo y falta de espiritualidad, y que desdeñando fórmulas y ceremonias penetraría el espíritu de las sagradas enseñanzas. Reprendió después severamente la deficiencia de adelanto espiritual del pueblo judío, su materialismo y afán de goces corporales y su apartamiento de los supremos ideales de la raza. Predicó la mística doctrina y exhortóles a que se ocuparan de los problemas de conducta en la vida diaria. Expuso las enseñanzas de la Cábala de forma sencillamente inteligible y práctica, recomendó que aspiraran a llegar a las cumbres de la espiritualidad y abandonaran los bajos deseos a que estaban apegados. Enumeró las malas costumbres y prejuicios de las gentes y censuró los mezquinos formulismos y supersticiones culturales. Exhortóles a que desecharan las ilusiones de la vida material y siguieran la Luz del Espíritu doquiera los condujere. Estas y otras muchas cosas les dijo.

Entonces se alborotó la congregación, y desde los bancos llovieron sobre él las interrupciones, dicterios y contradictorias negaciones, mofándose algunos de que presumiera ser el portador del Mensaje. Otros le decían que obrase algún milagro en prueba de sus afirmaciones, a los que se negó resueltamente por considerar impropio y contrario a las costumbres ocultistas ceder a semejantes demandas. Entonces vociferaron llamándole charlatán e impostor y le echaron en cara la humildad de su nacimiento y la artesana condición de su padre, sin creer que tal hombre tuviese derecho a pretender la posesión de tan extraordinarios poderes y privilegios. Jesús respondió con la famosa frase: «Nadie es profeta en su tierra».

Sin atemorizarse por la hostilidad de sus convecinos, arremetió enérgicamente contra sus prejuicios y estrechez de miras, contra su mojigatería y supersticiones, y rasgando el velo hipócrita con que encubrían su falsa piedad, mostróles sus desnudas almas en toda su horrible impureza moral. Los abrumó de ardientes invectivas y cáusticas acusaciones, sin perdonar merecido dicterio.

Fuera de sí la encolerizada congregación, fingieron indignarse justamente los hipócritas y formalistas que se habían visto con tanto desprecio tratados por un presuntuoso joven de ínfima clase de su virtuosa población. Lamentaban haberle otorgado el lisonjero honor de presidir la sinagoga como muestra de consideración a un joven paisano que regresaba de una excursión misionera por el país y el extranjero, y que tan groseramente acababa de corresponder a la cortesía, demostrando con ello la poca estimación en que los tenía. Semejante conducta no era posible que la resistieran fuerzas humanas. Así es que descargó sobre él la tempestad. Todos los circundantes se levantaron de sus asientos y abalanzándose contra Jesús lo echaron de la tarima y lo sacaron a empellones de la sinagoga, empujándolo después por las calles hasta los suburbios de la población. Jesús no se resistió contra el atropello, pues consideraba indigno luchar con aquella gente; pero al fin viose precisado a defenderse, porque la manifiesta intención de las turbas era arrojarlo a un precipicio abierto en una colina, allende los límites de la población. Esperó pacientemente a que lo empujaran hasta el mismo borde del precipicio, y cuando ya no faltaba más que un empellón para dar con él en el fondo del abismo, utilizó en defensa propia sus ocultos poderes. No quiso dejar tendidos sin vida a sus pies a quienes lo maltrataban ni nadie recibió golpe ni herida de sus manos, sino que volviéndose de pronto y con firme dominio de sí mismo les lanzó una sola mirada. ¡Pero qué mirada!

En ella se concentraba la poderosa Voluntad vigorizada por el oculto conocimiento y la mística disciplina. Era la mirada del Maestro ocultista cuyo poder no es capaz de resistir el hombre ordinario. Las turbas, ante la influencia de tan formidable energía, retrocedieron presas de vil miedo y profundo terror. Se les erizaron los cabellos, se les desencajaron los ojos, flaquearon sus rodillas y con gritos de espanto emprendieron desordenada huida dejando paso libre al hombre misterioso que transcurría con aquella pavorosa mirada que parecía horadar el velo de la mortalidad y percibir cosas inefables y ocultas a la penetración humana. Sin detenerse a contemplar los lugares de su juventud, salió el Maestro de Nazaret, olvidando para siempre que había sido su residencia familiar. Verdaderamente no recibe el profeta honor en su patria. Quienes debieran haber sido sus más firmes mantenedores fueron los primeros en violentamente despreciarlo. El atentado de Nazaret fue la profecía del Calvario y Jesús no lo ignoraba. Pero había entrado en el Sendero y no retrocedía.

Dejando atrás a Nazaret, establecióse en Cafarnaún, que fue como si dijéramos su centro de operaciones o cuartel general durante el resto de su ministerio hasta su muerte. La tradición enseña que la madre y algunos hermanos de Jesús fueron también a vivir a Cafarnaún; y asimismo refiere la tradición que tanto los hermanos y hermanas que se quedaron en Nazaret, como los que se trasladaron a Cafarnaún, estaban penosamente enojados con él por su conducta en la sinagoga, que les había parecido irrespetuosa, y por ello le miraban como un excéntrico pariente cuyas andanzas habían perturbado a la familia. Se le conceptuaba hasta cierto punto como el «hijo malo» y «pariente aborrecible», excepto por su madre, que le amaba entrañablemente por ser el primogénito. La madre y algunos hermanos de Jesús se avecindaron en Cafarnaún, pero no quisieron recibirle en su casa, porque era un expulso y vagabundo. Refiriéndose una vez a esto, dijo que mientras las aves tenían su nido y los brutos su madriguera, el Hijo del Hombre no tenía donde reclinar su cabeza. Así, vagabundeó por su propia patria lo mismo que hiciera por naciones extranjeras, como un asceta que se sustentaba de las limosnas de las gentes que le querían y escuchaban sus palabras. Vivió al estilo de los ascetas indostánicos que aún hoy día visten el amarillo sayal y empuñan el cuenco del mendicante sin moneda ni vales en su bolsa. Los ascetas judíos, que tal era Jesús, tienen hoy sus análogos en los mendicantes de India y Persia.

Pero conviene advertir que en la época de Jesús era rarísimo espectáculo el de un rabino que, renunciando a los emolumentos de su categoría sacerdotal, viviese ascéticamente o como misérrimo mendicante. Era tal proceder en todo punto contrario a las costumbres domésticas y ahorrativas de la raza, imitado de los esenios o de lejanísimos países; pero lo veían con malos ojos las autoridades y el pueblo, quienes preferían las sinagogas y el Templo con sus zalameros y bien nutridos sacerdotes de pomposas vestiduras y atractivas ceremonias.

Establecida en Cafarnaún su base de operaciones, dio Jesús a los discípulos algún tanto de organización, confiriendo a varios de ellos cierta autoridad y ordenándoles el cumplimiento de determinados deberes de su ministerio. Por algún motivo eligió sus lugartenientes de entre los pescadores que habían ejercido este oficio en aguas de Cafarnaún. Los pescadores de peces se convirtieron en pescadores de hombres. Muy popular fue Jesús entre el gremio de pescadores, y las tradiciones, así como el Nuevo Testamento, refieren que a veces, cuando los pobres pescadores no habían pescado nada en todo el día, les mandaba que tendieran sus redes en determinado punto y con gozosa sorpresa las sacaban rebosantes de peces.

Numerosas pruebas de su bondad dio Jesús por doquiera fue, de modo que los pobres y humildes le miraban y hablaban como amigo del pueblo; pero esta popularidad le concitó la animadversión de las autoridades, que achacaban sus buenas obras a móviles egoístas, entre ellos el de subvertir en su favor las masas para con su apoyo proclamarse Mesías. Así, cada obra de compasión y misericordia de Jesús, era nuevo incentivo del receloso odio que habían sentido siempre hacia él las autoridades civiles y eclesiásticas.

Su deseo de aliviar el sufrimiento de los pobres y desvalidos le dio mucho prestigio entre ellos, al paso que lo desdeñaban las llamadas clases superiores. Jesús decía que la plebe era la sal de la tierra, y en cambio la plebe lo miraba como su campeón y consejero.

Especialmente en los enfermos empleaba sus ocultos poderes e hizo maravillosas curaciones de las que sólo unas cuantas habla el Nuevo Testamento; pero la tradición oculta refiere que las curaciones eran diarias y que por doquiera iba dejaba tras sí numerosas gentes sanadas de toda clase de enfermedades y que centenares de enfermos acudían a que los curase. Dice el evangelio que a muchos curó por el sencillo procedimiento de imposición de manos, el preferido de los terapeutas ocultistas.

Dícese que estando en Cafarnaún le llamó la atención un loco que de repente se puso a gritar: «Sé que eres el único Hijo de Dios». Jesús le dirigió algunas palabras de autoridad y le curó de su trastorno por métodos que emplean cuantos ocultistas conocen la índole de los trastornos síquicos. Los cristianos vulgares de hoy día no creen en la posesión demoníaca, pero Jesús compartía la creencia en la obsesión, según la entienden los metapsíquicos, si juzgamos por las palabras que empleó para curar la dolencia de aquel perturbado. Aconsejamos al lector que consulte los evangelios en consonancia con estas lecciones, a fin de estudiar el asunto con arreglo a las normas consuetudinarias pero iluminadas por la interpretación mística del cristianismo.

La fama terapéutica de Jesús no tardó en abrumar sus energías físicas, pues diariamente realizaba una labor equivalente a la de una docena de hombres y su naturaleza se rebelaba contra el exceso de trabajo a que la sometía. Las calles de Cafarnaún se llenaron de gentes anhelosas de curación, como si toda la ciudad estuviese enferma. Al fin notó que su obra como terapeuta sobrepujaba a la de instructor, y después de un período de meditación, dejó de escuchar los clamores de los pacientes que en Cafarnaún le solicitaban y reanudó su peregrinación como instructor, de modo que de allí en adelante sólo curaba incidentalmente y dedicaba la mayor parte del tiempo a predicar la Verdad a quienes estaban dispuestos a escucharla. Muy penoso fue para un corazón tan tierno como el de Jesús desatender el enjambre de enfermos acudidos a Cafarnaún, pero le era necesario hacerlo así, porque de lo contrario se hubiera limitado a ser un terapeuta ocultista de enfermedades del cuerpo en vez de Mensajero de la Verdad cuya obra había de encender en muchos lugares la Llama del Espíritu, que sería la verdadera Luz del Mundo mucho después de que fuesen pulverizados los cuerpos físicos de los entonces vivientes.

Seguido de sus discípulos, Jesús se marchó a campo abierto para difundir las alegres nuevas e infundir en los corazones la paz que trasciende toda comprensión.

Lección VI

El trabajo de organización

Salió Jesús de Cafarnaún seguido de un tropel de lisiados a cuyas súplicas de curación no podía atender, porque le hubieran convertido en un sanador profesional en vez del Instructor que predicaba el Mensaje de la Verdad.

Trasladóse a otra parte del país con sus discípulos y fieles adherentes que siempre iban adonde él.

Sin embargo, no desistió enteramente de su obra de curación, que consideraba incidental en su ministerio, sin consentir que interrumpiera sus predicaciones y enseñanzas. Los relatos evangélicos hablan de notables curaciones que realizó Jesús por entonces, pero los pocos casos mencionados son eventuales incidentes que impresionaron al público entre centenares de otros casos no tan notorios.

La curación de la lepra es uno de los más notables. Era la lepra una hedionda enfermedad muy temida de las gentes de los países orientales, y al infeliz que la padecía lo trataban como a un paria de quien todos huían cual de una cosa impura y pestífera.

En la comarca donde estaba enseñando Jesús había un leproso; éste, sabedor del admirable don salutífero atribuido al joven instructor, determinó presentarse a él en súplica de favor. No se sabe cómo logró el leproso llegar a través de la gente en presencia de Jesús, pero fue necesaria de su parte mucha astucia, porque a los leprosos no se les permitía ponerse en contacto con la gente. De un modo u otro, el leproso consiguió enfrentarse con Jesús cuando éste paseaba meditabundo y apartado de sus discípulos.

La repugnante criatura mostró su repulsivo cuerpo en que se retrataban la miseria y el dolor humanos, y encarándose con el Maestro le suplicó que ejerciera en él sus salutíferos poderes. Ni la más leve duda tenía el leproso de que Jesús era capaz de curarlo y su rostro resplandecía de fe y esperanza. Contempló Jesús ardientemente las descompuestas facciones del leproso que brillaban con el fuego de una ferviente fe como rara vez se ve en el rostro humano y, conmovido por aquella confianza en sus poderes e intenciones, dirigiose hacia el leproso contraviniendo las leyes del país que prohibían semejante trato. No contento con esto, impuso las manos en la impura carne, desafiando les leyes de la razón, e impávidamente se las pasó después por el rostro, exclamando: «Sé limpio». El leproso sintió una extraña conmoción en sus venas y nervios, y parecía que todos los átomos de su cuerpo hormigueasen con peculiar sensación de ardoroso prurito. Vio que sus carnes tomaban el rosado color de las personas sanas. Desapareció el entumecimiento de sus miembros y notó positivamente el estremecimiento de la corriente vital que con increíble rapidez formaba nuevas células, tejidos y músculos. Permanecía Jesús con las manos sobre la carne del leproso, para transmitirle la corriente de vitalizado prana, tal como una batería acumuladora carga un aparato eléctrico. Toda la operación estaba presidida por la potentísima y disciplinada Voluntad del ocultista Maestro.

Después le ordenó Jesús al ya sanado leproso que fuese a mudarse de ropa y cumplir con la ley de purificación, presentándose a los sacerdotes para recibir el certificado de limpieza. También le mandó que nada dijera acerca de los pormenores de la curación. Algún motivo tendría Jesús para evitar la notoriedad que le hubiese allegado la divulgación de tan maravillosa cura.

Pero ¡ay! que era demasiado pedir a la condición humana, y así fue que el ya sano leproso echó a correr, y saltando y brincando de alegría esparció a gritos la gozosa noticia de su maravillosa curación, para que todos supiesen cuán gran beneficio había recibido. A pesar de lo ordenado, entonó en alta voz las alabanzas del

Maestro que tan inaudito poder había demostrado sobre la inmunda plaga que le había tenido entre sus garras hasta pocas horas antes. Con extraños gestos y llameantes ojos no se cansaba de relatar el caso, que de labio en labio se fue derramando hasta conocerlo la ciudad toda y su campo. Imaginemos que tal suceso ocurriera hoy en una población rural de nuestro país y comprenderemos la excitación ocasionada por la cura del leproso.

Sucedió entonces lo que Jesús había previsto al prohibirle que divulgara la noticia. Excitóse toda la comarca y numeroso gentío se agolpó en torno de Jesús y sus discípulos, pidiendo a voces nuevos milagros y prodigios. Los curiosos amigos de las violentas emociones sobrepujaban en número a los que Jesús quería instruir. Multitud de enfermos y lisiados le rodeaban en súplica de curación. Se repitieron las escenas de Cafarnaún. Los leprosos acudían en tropel desafiando la ley y la costumbre, y las autoridades estaban fuera de sí, conturbadas y coléricas. No sólo se mostraban hostiles a Jesús los gobernantes y sacerdotes, sino también se concilió animadversión de los médicos, que veían su ejercicio arruinado por aquel hombre, a quien tildaban de charlatán e impostor que amenazaba alterar la salud pública, sólo segura en sus manos y bajo su cuidado. Así es que Jesús hubo de marcharse de aquel lugar a otro nuevo escenario.

Mucho llamó la atención lo ocurrido en Galilea mientras predicaba Jesús en una casa. A mitad del sermón, él y los oyentes quedaron sorprendidos por la aparición de una comitiva que llevaba tendido en una litera a un pobre paralítico, y lo bajaban desde el tejado circundante del patio central de la casa. Los amigos del paralítico habían ideado el medio de izar la litera desde la calle al tejado y después bajarla hasta el patio, con objeto de que tan insólito artificio no pudiese menos de llamar la atención del Maestro. Refiérese que las gemebundas súplicas del paralítico y la fe que había inspirado tan enérgico esfuerzo a los amigos, despertaron el interés y la simpatía de Jesús, quien suspendiendo el discurso hizo otra de aquellas instantáneas curaciones sólo posibles a los más adelantados adeptos de la medicina espiritual.

Después ocurrió el caso de la fuente de Betesda, una comarca abundante en aguas medicinales, frecuentada por los enfermos anhelosos de recobrar la salud. Los impedidos por lisiaduras o enfermedad iban a los manantiales llevados por sus parientes o por sus criados, quienes se abrían paso a empujones dejando atrás a los débiles. Andaba Jesús por entre el gentío y llamóle la atención un pobre baldado, tendido en su camilla lejos de las fuentes. No tenía parientes o amigos que lo llevasen ni dinero para pagar a un sirviente, ni tampoco le era posible ir por sí mismo. Llenaba aquel lisiado el aire con los quejidos y lamentaciones de su mala suerte. Acercóse Jesús, y llamándole la atención con enérgica mirada de autoridad y poder, le gritó con imperiosa voz: «Levántate, toma tu lecho, y vete a tu casa». El paralítico hizo con pronta obediencia lo que se le mandaba, y con gran sorpresa suya y de los circunstantes vio que le era posible moverse libremente como un un hombre bueno y sano.

También esta curación despertó vivísimo interés en las gentes al par que la hostilidad de los sacerdotes. Parece que aquel día era sábado, en el que la ley prohibía curar a los enfermos, y además el paralítico había hecho un trabajo mecánico al cargar a cuestas con el lecho según el mandato del sanador. Los mojigatos, azuzados por los sacerdotes, empezaron a insultar a Jesús y al ya curado enfermo, a la manera de los beatos hazañeros de todos los países y de todas las épocas, incluso la nuestra. Aferrados a la letra de la ley, aquellas gentes desconocían su espíritu y, esclavos del formulismo, no echaban de ver el significado subyacente en las fórmulas y ceremonias.

Desafiando la tempestad que sobre él se cernía, salió Jesús impávidamente de Betesda. Estaba sumido en un mar de contrapuestas voces y opiniones. Por una parte, el sanado enfermo y sus amigos defendían con entusiastas argumentos la legitimidad de la curación; pero contra estos pocos se oponían los mojigatos del lugar, que acusaban al quebrantador del sábado y pedían su castigo. ¿Habían de ser de tal modo conculcadas las antiguas leyes de Moisés por aquel presuntuoso nazareno, cuyas ideas religiosas tan tristemente faltas estaban de ortodoxia? ¡Seguramente no! ¡Era necesario castigar al osado! De nuevo Jesús se vio en riesgo de que lo maltrataran de obra o lo condenasen a muerte, por la animadversión de la mojigatería de los ortodoxos.

Fue siempre Jesús enemigo del estúpido formulismo y de la fanática ignorancia relativa al verdadero concepto de la santificación de las fiestas, desconocido por las gentes de pocos alcances. En la precitada ocasión, como en tantas otras, y más señaladamente cuando sus hambrientos discípulos arrancaron unas cuantas espigas para mitigar el hambre, se opuso Jesús a la estricta e inflexible ley de la observancia del sábado.

Su idea era que «el sábado fue hecho para el hombre y no fue hecho el hombre para el sábado». Nada tenía el Maestro de puritano, y en vista de esta actitud suya respecto del asunto, es sorprendente la que algunos toman en nuestro tiempo en oposición a sus enseñanzas teóricas y prácticas, a pesar de llamarse cristianos.

Rechazado una vez más por la ignorancia y mojigatería de las gentes, volvióse a Galilea, el país de sus retiro y descanso y escenario de gran parte de su mejor actividad. Abundaban en Galilea sus adictos y admiradores y no corría tanto riesgo de que lo conturbaran y persiguieran como en las inmediaciones de Jerusalén. Numerosas gentes esperaban allí su ministerio y por millares se contaban los conversos. La población contenía muchas personas curadas por su poder y su nombre era familiar.

Entonces inicio una nueva etapa de su obra. Había decidido compartir su ministerio con sus doce más adelantados discípulos, pues ya no le era posible dirigir personalmente toda la extensión de la obra. Como acostumbraba en las ocasiones críticas, buscó la soledad para entregarse a la meditación y el fortalecimiento espiritual antes de investir a sus doce apóstoles con la alta autoridad de su misión.

Pasó la noche en una de las colinas cercanas a Cafarnaún, de la que bajó a la mañana siguiente, fatigado de cuerpo por falta de descanso, pero fortalecido de alma y espíritu.

Entonces reunió a los doce a su alrededor, y en apartada congregación les comunicó algunas profundas verdades y secretos, con determinadas instrucciones relativas a la curación y exhortándoles a mantenerse inquebrantablemente fieles a su persona y su obra.

Los relatos evangélicos dicen muy poca cosa referente a las instrucciones que dio Jesús a los doce apóstoles para su futura misión; y así, quien los lee no tiene idea del admirable desenvolvimiento mental y espiritual manifestado por los apóstoles, durante su transición de humildes pescadores u otros oficios análogos, a sumamente desarrollados instructores de adelantadas verdades espirituales. Especialmente al ocultista le parece asombrosa tan repentina mudanza, porque sabe cuán arduas pus ha de hollar el neófito antes de ser iniciado y los altos grados por que ha de pasar el iniciado antes de alcanzar el de Maestro. Así es que el ocultista comprende la poderosa labor efectuada por Jesús para aducir y desenvolver las naturalezas espirituales de los apóstoles hasta que fueran dignos de que los eligieran por representantes e instructores. Las tradiciones ocultas enseñan que Jesús siguió un sistemático curso e instrucción de sus escogidos discípulos, conduciéndolos rápidamente grado tras grado de mística disciplina y conocimiento oculto hasta que por fin fueron capaces de que aquél les impusiera las manos en la ocasión aludida en los precedentes párrafos.

Conviene advertir que Jesús transmitió a los apóstoles el dominio de las ocultas fuerzas de la naturaleza que los capacitaba para obrar curaciones milagrosas similares a las de su Maestro, y no cabe suponer ni por asomo, que un Maestro ocultista de tan alto grado como Jesús facultase a los apóstoles para el ejercicio de tan formidable poder sin darles de antemano las instrucciones necesarias respecto al mejor modo de emplearlo. Semejante facultad no se les podía otorgar sin que comprendieran las verdades fundamentales de la naturaleza, únicamente asequible a los iniciados en las básicas verdades de la ciencia y de las fundamentales leyes de la vida.

La tradición nos enseña que Jesús inició a los doce apóstoles en los sucesivos grados de las fraternidades ocultas de las que era Maestro, condensando al efecto en un sencillo y práctico sistema didáctico, gran copia de información oculta y místico saber, que comunicó plenamente a quienes había elegido para ser sus principales colaboradores y que le sucedieran después de su muerte, ya según presentía no lejana.

Todo esto ha de comprender muy bien el estudiante del cristianismo místico, si quiere escrutar los secretos de la primitiva Iglesia cristiana después de la muerte de Cristo.

El admirable avance de la nueva religión no podía provenir del mero impulso de los creyentes en el Maestro. Generalmente sucede que, al morir el jefe de una numerosa organización, se desintegra la masa o disminuye su poder, a menos que antes de morir haya «infundido su espíritu» en algunos discípulos escogidos. Tal hizo Jesús, aunque sólo podía infundir su espíritu en quienes plenamente hubiesen comprendido los fundamentales verdades y principios de sus enseñanzas.

Había una doctrina esotérica para las multitudes y una doctrina esotérica para los Doce. Muchos pasajes de los evangelios así lo demuestran, y bien lo sabían los primeros Padres de la Iglesia.

En la ocasión a que hemos aludido explicó Jesús a los Doce las verdades básicas, y desde entonces los trató más bien como Maestros que como discípulos. De esta final instrucción derivó el Sermón de la Montaña, el más admirable y completo discurso de Jesús, pronunciado casi inmediatamente después de la elección de los doce apóstoles y dirigido más bien a ellos que a la multitud congregada para escucharle.

Comprendía Jesús que los doce apóstoles podrían interpretar aquel sermón en virtud de las esotéricas enseñanzas que les había comunicado, y así fue que, prescindiendo del vulgo de los oyentes, dilucidó en aquel sermón las enseñanzas internas en provecho de los elegidos.

Únicamente es posible interpretar el Sermón de la Montaña con la clave interna que abre las puertas de la mente a la comprensión de las enigmáticas sentencias y místico significado de muchos de sus preceptos, según veremos en la lección correspondiente.

Pocos días después del Sermón de la Montaña, salió el Maestro de Cafarnaún y fue de poblado en poblado visitando como de costumbre los diversos centros de enseñanza.

En el camino realizó Jesús una obra de oculto poder, demostrativa de que era uno de los superiores adeptos de las fraternidades ocultas, porque nadie más hubiera sido capaz de semejante manifestación, pues aun los más encumbrados Maestros orientales rehusaron seguramente emprender la labor que Jesús acometió.

Iba la compañía pausadamente por su camino, cuando cerca de una aldea vieron que venía en su misma dirección un fúnebre cortejo precedido por un grupo de mujeres que entonaban tristes endechas según costumbre galilea. Seguía el cortejo lentamente su camino. La etiqueta del país exigía que cuantos transeúntes encontraran un entierro a su paso se unieran al acompañamiento; y en consecuencia, todos los que iban con Jesús asumieron una actitud de condolencia y muchos tomaron voz en los fúnebres cantos de la comitiva.

Pero Jesús adelantóse hasta la presidencia del duelo, de un modo muy chocante para los estrictos observadores de las fórmulas y costumbres familiares. Colocóse frente al féretro y mandó a los portantes que se detuvieran y lo dejaran en el suelo. Un murmullo de indignación circuló por las filas del acompañamiento y algunos se adelantaron con intento de rechazar al presuntuoso forastero que osaba mancillar la dignidad del funeral en su camino. Pero les contuvo algo que vieron en el rostro de Jesús, y un extraño sentimiento conmovió a los circunstantes porque muchos de ellos reconocieron a Jesús y quienes habían presenciado algunos de sus prodigios propagaron la voz de que algo admirable iba a ocurrir, y así fue que todos se agruparon en torno del Maestro y el ataúd.

El difunto era un joven hijo de una viuda, que en desolada actitud y desesperados ademanes permanecía junto al cadáver como si quisiera protegerlo contra la profanación que recelaba de aquel forastero. Sin embargo, Jesús le echó una mirada de transcendental amor, y con voz vibrante de ternura le dijo: «Madre, no llores; cese tu aflicción». Sorprendida y a la par excitada, la madre miró con ojos suplicantes a quien así le había hablado, y su amor e instinto de madre notó en los ojos de él una nueva expresión, y el corazón de ella latió con mayor esperanza de algo, sin saber qué era. ¿Qué quería decir el Nazareno? Su hijo estaba muerto y ni el mismo Dios había jamás perturbado el profundo sueño del cuerpo que el alma abandonó. Pero ¿qué significaban aquellas palabras? ¿Qué los latidos de su agitado corazón?

Entonces, con autoritario ademán, apartó el Maestro a las gentes del ataúd hasta que quedaron él, la madre y el cadáver en el despejado espacio del centro. Comenzó a la sazón una insólita y admirable escena. Con los ojos fijos en el rostro del cadáver y en actitud que indicaba un supremo esfuerzo de su voluntad, hizo el Maestro algo que denotaba la acción de las fuerzas superiores sujetas a su mandato. Los apóstoles, ya instruidos por él en el ocultismo, reconocieron la índole de la manifestación y palidecieron sus rostros, porque echaron de ver que no sólo derramaba su fuerza vital en el cadáver para saturarlo de prana, sino que también trataba de llevar a cabo una de las más difíciles operaciones ocultas, cual era la de atraer del plano astral el alma del difunto e infundirla de nuevo en el cuerpo vigorizado con vital energía. Comprendieron los apóstoles que el Maestro, por el supremo esfuerzo de su voluntad, estaba revertiendo el proceso de la muerte. Y con exacta apreciación de la verdadera naturaleza del prodigio que ante ellos se operaba, se estremecían todos sus cuerpos y se les entrecortaba el aliento.

Entonces exclamaron los circunstantes: «¿Qué le dice este hombre al cadáver? ¡Levántate, joven! ¡Abre los ojos! ¡Respira desahogadamente! ¡Levántate! ¿Se atreverá este forastero a desafiar los decretos del propio Dios?»

Pero el cadáver abrió los ojos y miró asombrado en su derredor. Aún no se había oscurecido del todo su brillo. El pecho se agitaba pesadamente con entrecortada respiración, como si de nuevo luchara por la vida. Después levantó los brazos, movió las piernas y púsose en pie derecho, balbuceando ininteligibles palabras, hasta que, vuelto completamente en sí, se arrojó al cuello de su madre sollozando de placer. El muerto vivía. El cadáver había vuelto a la vida.

La gente retrocedió poseída de pavoroso terror a la vista del espectáculo y la fúnebre comitiva se dispersó en todas direcciones, hasta quedar solos la madre y el hijo llorando de alegría y olvidados del Maestro y sus discípulos en su intenso desborde de amor.

Jesús y los suyos siguieron adelante en su camino, pero la fama del milagro cundió de ciudad en ciudad, hasta llegar a Jerusalén. Las gentes se admiraban o dudaban, según el temperamento de cada quien, mientras que las autoridades políticas y eclesiásticas se preguntaron de nuevo unas a otras si aquel hombre no era un peligroso enemigo del orden social.

En una de sus andanzas, invitó a Jesús a que se aposentara en su casa un conspicuo vecino de la ciudad en que predicaba. Era de la clase de los fariseos, caracterizado por su extremada devoción y apego a las fórmulas y ceremonias y una mojigata insistencia sobre la observancia de la letra de la ley. Eran los fariseos el ultraortodoxo núcleo de un ortodoxo pueblo, y andaban tan erguidos que se doblaban por lo tiesos, y daban gracias a Dios por no ser como los demás hombres. Eran los pietistas miembros de la iglesia y de la sociedad, y su nombre es aún hoy día sinónimo de «fingida piedad».

No se sabe con qué motivo invitó aquel fariseo al Maestro para que comiese en su casa. Probablemente le movió a ello la curiosidad, combinada con el deseo de sonsacar de su huésped afirmaciones de que después pudiera valerse contra él.

De todos modos, Jesús aceptó la invitación y notó que el dueño de la casa no le hizo objeto de ciertas ceremonias acostumbradas entre los judíos al recibir a un huésped de la misma categoría. No le ungieron la cabeza con el aceite ceremonial, como era costumbre en casa de su posición cuando se quería tratar a un huésped como si fuera de la familia. Claramente se advertía que lo miraban con curiosidad, como una «rareza» más bien que como a un amigo, y que por pura curiosidad lo habían invitado. Pero Jesús nada dijo ni se dio por entendido de la omisión. La comida transcurrió sin incidente notable y, reclinados después cómodamente los comensales a estilo oriental, discutían sobre diversos temas cuando una mujer irrumpió presurosa en la sala del banquete.

De su traje se colegía que era una de las tantas mujeres livianas que hormigueaban por las ciudades orientales. Iba vistosamente ataviada, con la cabellera flotante sobre los hombros, al estilo de las mujeres de su condición en aquella tierra. Fijó la mujer los ojos en el Maestro y dirigióse pausadamente hacia él, no sin enojo del dueño de la casa, que temía una escena, porque probablemente el Maestro reprendería a la mujer por haberse atrevido a acercarse a él, quien era un instructor espiritual.

Pero la mujer se adelantó en sus pasos hacia el Maestro, hasta que postrada ante él y con la cabeza apoyada en sus pies, prorrumpió en amarguísimo llanto. Había escuchado algún tiempo antes la predicación del Maestro, y las semillas de sus enseñanzas habían arraigado y entonces florecido en su corazón, por lo que venía a manifestar su adhesión y rendir una ofrenda al reverenciado Maestro. Estaba allí en presencia de él, en prueba de regeneración espiritual y de su propósito de comenzar una nueva vida. Sus lágrimas habían bañado los pies del Maestro, y los secó con su abundosa cabellera, besándoselos después en señal de fidelidad y adoración.

Prendíale del cuello una cadenilla de la que colgaba una cajita llena de perfumado aceite de esencia de rosas, que ella estimaba en mucho como todas las mujeres de su clase. Rompió el sello de la cajita y derramó el óleo perfumado sobre las manos y los pies del Maestro, quien lejos de rechazar la ofrenda, la aceptó a pesar de su procedencia. El dueño de la casa tuvo entonces pensamientos no muy halagüeños respecto a la cordura de su huésped, y apenas podía disimular la burlona sonrisa que pugnaba por aparecer en sus labios.

Jesús se volvió hacia el fariseo y le dijo, sonriente: «Simón, estás pensando y diciéndote mentalmente: "Éste, si fuera profeta, ¿no conocería quién y qué clase de mujer es la que a él se llega, y no la rechazaría y apartaría de sí?"». El fariseo quedó penosamente confuso porque el Maestro había leído palabra por palabra en su pensamiento según el método telepático de los ocultistas. Después, con amable ironía, llamó Jesús la atención del fariseo sobre la circunstancia de que aquella mujer le había prestado el servicio que él como dueño de la casa no cuidó de prestar. ¿No le había bañado y ungido los pies, como el dueño de la casa hubiera hecho si lo considerara digno de este honor? ¿No había ella estampado en sus pies el beso que la etiqueta requería que el dueño estampara en la mejilla del visitante de su casa? En cuanto a la índole de la mujer, la había reconocido y perdonado, diciendo que mucho se le perdonó por haber amado mucho. Y volviéndose a la mujer, le dijo: «Ve en paz, porque perdonados te son tus pecados». Y marchóse la mujer con el rostro transfigurado y firmemente resuelta en su corazón a mudar de vida, porque el Maestro la había perdonado y bendecido.

Pero por aquella acción se concitó Jesús el odio del fariseo y sus amigos. Se había atrevido a reprenderle en su propia casa, y por añadidura se había arrogado la sacra facultad de perdonar los pecados, que era privativa del sumo sacerdote del Templo en la práctica de ciertas ceremonias y sacrificios en el lugar santísimo. Había desafiado los valiosos derechos y funciones sacerdotales en la propia casa de un fariseo, de uno de los más acérrimos defensores del formulismo y de la autoridad.

Este incidente demostró no sólo la amplitud de ideas de Jesús y su universal amor, sino también su valentía en desafiar al odiado formulismo aun en la misma casa de sus obstinados defensores, y su actitud respecto a la mujer, que el pueblo judío tenía en muy poca estimación. No se la juzgaba digna de asistir a las sinagogas y era depresivo para un hombre mencionar a sus parientes femeninos en una reunión, pues consideraban a la mujer en todos respectos muy inferior al hombre y la trataban como cosa casi inmunda en sus más sagradas funciones naturales.

Sobre todo con las mujeres caídas tenía Jesús muy compasiva consideración, pues comprendía la seducción de que habían sido víctimas y lo aflictivo de su situación en la sociedad. Lamentaba la «doble norma de virtud» que consentía los devaneos del hombre sin menoscabo del respeto social, mientras que a la mujer que incurría en el mismo desliz se la vilipendiaba y trataba como un desecho social. Siempre estaba Jesús dispuesto a levantar su voz en defensa de las infelices extraviadas, movido por el sentimiento de injusticia con que los hombres las trataban. Así lo demostró cuando, insidiosamente invitado a que juzgase a la mujer adúltera, exclamó: «Quien de vosotros esté limpio de pecado, que arroje la primera piedra». No fue extraño que la despreciada mujer le besara los pies y le ungiera con su preciosísimo óleo. Era amigo de todas las de su desdichada condición.

Lección VII

El principio del fin

Por los mismos cauces seguía el ministerio de Jesús. De un lado para otro del país, predicaba y enseñaba por ciudades y aldeas, y se le adherían nuevos prosélitos en la continuación de su obra. Se adaptaba al auditorio, dando a cada cual lo que necesitaba sin cometer el error de hablar de modo que no le comprendieran los oyentes. Daba a las masas las enseñanzas generales que requerían, pero reservaba las enseñanzas internas para el círculo esotérico de los discípulos capacitados para recibirla. Mostraba en ello un profundo conocimiento de los hombres y la estricta conformidad con las costumbres de los místicos, que nunca cometían la torpeza de enseñar las sublimes matemáticas del conocimiento oculto a los estudiantes que estaban aprendiendo las cuatro reglas de la aritmética vulgar. Recomendó a sus apóstoles que no olvidaran jamás este punto de la enseñanza, y les llegó a decir con mucho énfasis que no echaran nunca perlas a los cerdos.

Una noche cruzaba en barco el lago de Genesaret en compañía de los discípulos que habían sido pescadores y, fatigado de la ruda labor del día, se envolvió en sus ropas y quedó profundamente dormido. A poco le despertó una conmoción ocurrida entre los tripulantes y pasajeros, pues había sobrevenido tormenta y el barco se balanceaba a punto de zozobrar, con grave temor de los pescadores que lo gobernaban. Se habían desgarrado las velas, derribando gran parte del mástil, y el barco no obedecía al timón porque se había estropeado la rueda. Los tripulantes, presas de terror y pánico, acudieron a Jesús en súplica de que los salvara del naufragio, diciendo: «¡Maestro, Maestro, sálvanos, que perecemos!».

Levantóse el Maestro, y valiéndose de su oculto poder mandó a los vientos que se calmaran y a las olas que se apaciguacen. Siguió la costumbre de los ocultistas orientales de dar sus órdenes de palabra, no porque las palabras tuviesen alguna virtud por sí mismas, sino porque servían de vehículo a su concentrado pensamiento y enfocada voluntad que empleaba en aquella manifestación de su poder. Conocedores los ocultistas de ese procedimiento, se ríen al leer en los evangelios el *cándido* relato del suceso, en el que se describe a

Jesús como si reprendiese a los desencadenados vientos y calmara con sólo su palabra a las alborotadas olas. Los pescadores testigos de la ocurrencia, cuyo relato difundieron entre las gentes, no comprendían la índole de la manifestación oculta, creídos de que hablaba a los vientos y a las olas como si fuesen entidades personales.

Nada sabían del proceso mental subyacente en las palabras, e ingenuamente se figuraban que Jesús reprendía a los vientos y exhortaba a las olas. Todo ocultista sabe que en el trato con las cosas resulta mucho más fácil el procedimiento si las consideramos como si tuvieran inteligente y positiva existencia.

Obedientes al pensamiento y voluntad del Maestro, abatieron los vientos su furia y cesaron de agitarse las aguas. Poco a poco fue recobrando el barco el equilibrio, la tripulación respiró desahogadamente, recompuso el timón y enderezó el mástil. Mientras trabajaban, se decían maravillados unos a otros: «¿Qué hombre es éste, que aun los vientos y las aguas le obedecen?». Jesús, mirándolos tristemente, exhaló aquel grito del místico que conoce el poder latente en el hombre sobre las condiciones materiales, en espera del ejercicio de la Voluntad, sólo posible en correspondencia a una profunda fe. Así, les respondió diciendo: «¿Por qué teméis, hombres de poca fe?». Al místico le parece extraño que las gentes lean los relatos evangélicos del citado suceso y otros similares, sin ver en ellos otra cosa que una nueva enumeración de milagros obrados por sobrenatural poder.

Pero quien conozca las verdades fundamentales, advertirá que, por incompletos que sean los relatos evangélicos de la taumaturgia de Jesús, están llenos de adelantadas enseñanzas ocultas, tan explícitamente expuestas, que parece como si cualquiera pudiese reconocerlas. Pero todavía está en vigor la vieja rutina, y cada cual entiende en lo que es capaz de entender; cada cual ha de aportar algo al relato evangélico, antes de que pueda entresacar algo de él, porque al que tiene le será dado.

Siempre la misma mística verdad manifestada en todo tiempo y lugar. Es una fundamental ley de la mente.

La travesía del lago estuvo acompañada de otra manifestación de oculto poder que los clérigos suelen dejar sin comentario o se esfuerzan penosamente en «explicar» el significado del relato. La moderna tendencia materialista ha invadido hasta las mismas iglesias, de modo que los eclesiásticos procuran evitar la acusación de que creen en «espíritus» y análogos fenómenos del mundo astral.

Cuando los navegantes llegaron a la tierra de los garenos, en la orilla opuesta del lago, desembarcaron todos, y Jesús y sus discípulos se dirigieron hacia las poblaciones costeñas. Al pasar por los acantilados de la costa, vieron dos extrañas figuras que los iban siguiendo y farfulleaban entre sí. Los dos enajenado, pues eso es lo que eran, se acercaron a la compañía y uno de ellos suplicó al Maestro, de extravagante manera, que librara de los demonios que los poseían, mientras gritaba:

«¡Oh, Maestro, Hijo del Dios vivo! Ten misericordia de nosotros y echa de nosotros las cosas inmundas que tenemos.»

Nada dicen los evangelios respecto a la causa de esta demoníaca obsesión, y los exégetas prefieren prescindir de comentarios o achacarlas a la monomanía de los enajenados, a pesar de la explícita afirmación del relato evangélico y su consiguiente declaración. Pero las tradiciones ocultas refieren que aquellos hombres eran víctimas de obsesión, producida por dos entidades evocadas por necromántico conjuro del plano astral, y que habían tomado posesión de los cuerpos físicos de quienes las habían evocado, y no querían volverse a su propio plano, con lo que determinaban que a los posesos los tomasen por locos y hubiesen de refugiarse en las cuevas de los acantilados, en donde también sepultaban a los difuntos. No intentamos entrar aquí en pormenores sobre este asunto, sino explicar el oculto significado de este milagro de Jesús, que claramente comprenden todos los ocultistas.

Jesús conocía en todo y por todo la naturaleza de la perturbación y rechazó a las dos entidades astrales por medio de su oculto poder. A los pocos momentos se oyó un grito exhalado en una cercana loma, y apareció una numerosa piara de cerdos que atropelladamente se precipitaron en el mar. El relato evangélico es muy explícito sobre el particular, pues dice que los demonios se trasladaron de los hombres a los cerdos, y espantados estos animales se precipitaron en el agua. Jesús habló clara y positivamente de demonios, llamándolos «espíritus inmundos» y mandándoles que «salieran de los dos hombres»; pero todo ocultista adelantado sabe que los cerdos sirvieron de instrumento intermediario para transportar a las entidades astrales a su peculiar plano de vida. Sin embargo, no es posible dar más explicaciones en un libro de pública lectura. Los enajenados recobraron su normal condición, y los anales ocultos dicen que el Maestro les instruyó respecto de las malas artes que habían seguido hasta entonces y les mandó que desistiesen de sus nefandas prácticas, que tan funestas consecuencias les habían acarreado.

Los teólogos cristianos, con pocas excepciones, desdeñan las frecuentes alusiones del Nuevo Testamento a los «demonios» y «diablos», diciendo que los evangelistas (a quienes por otra parte consideran inspirados) debieron ser crédulos y supersticiosos en cuanto «a la absurda demonología de su época».

No hacen caso de que el mismo Jesús habló repetidamente de dichas entidades y les mandó que salieran del cuerpo de los individuos a quienes habían obsesionado. ¿Se atreverán las iglesias a sostener que también Jesús era un crédulo e ignorante palurdo que compartía las supersticiones populares? Por lo visto, así parece. Debemos exceptuar de esta crítica a la Iglesia Católica, cuyas autoridades han reconocido la verdadera situación de estas cosas y prevenido a sus fieles contra las tenebrosas prácticas de necromancia o evocación de entidades astrales.

La ciencia oculta enseña a quienes la estudian, que hay varios planos de vida, cada uno con sus habitantes. Enseña que en el plano astral hay entidades desencarnadas que no se han de transportar a nuestro plano físico. Y precave a todos contra las negras artes, tan comunes en los tiempos antiguos y medievales, de invocar y evocar a tan indeseables moradores del plano astral. Es deplorable que algunos de los modernos investigadores psíquicos desdeñen tan claras advertencias y se expongan por su insensato capricho a graves consecuencias. Exhortamos al lector a que no ceda al afán de presenciar fenómenos astrales. Un escritor ha comparado el psiquismo con una máquina cuyos engranajes arriesgan arrebatar a quien se acerque. ¡Apartaos de las ruedas!

Este milagro de Jesús suscitó viva agitación, y le acusaron de ir por el país llenando de malignos espíritus los ganados de los campesinos y ocasionando su ruina. Los sacerdotes excitaban estos morbosos sentimientos de las gentes y fomentaban su desconfianza, el odio y recelo que los timoratos empezaban a demostrar al Maestro. Se estaban sembrando en el pueblo las semillas del Calvario, con el horrendo fruto en ellas aún embrionario. El odio y la mojigatería eran la esencia de la semilla y del fruto.

Jesús regresó a Cafarnaún, y de nuevo invadieron la ciudad multitud de gentes deseosas unas de enseñanzas y otras de curación. La fama de su maravilloso poder terapéutico había cundido por doquiera, y de muy lejos venían los enfermos conducidos en literas para que los tocase la mano del Maestro.

Por entonces se llegó a él un príncipe de la sinagoga llamado Jairo, quien tenía una hija de doce años gravemente enferma y desahuciada de los médicos.

Cuando Jairo vio a su hija a las puertas de la muerte, apresuróse a ir donde el Maestro predicaba, y arrojándose a sus pies le suplicó que curase a su amada hija antes de que transpusiera el sombrío portal de lo desconocido. Compadecióse Jesús de la hondísima pena de aquel padre, e interrumpiendo su enseñanza encaminóse a casa de Jairo. Con la mente saturada de salutíferos pensamientos y henchido su organismo de las energías vitales que necesitaba para su labor, notó que alguien le tocaba la orla del vestido en busca de curativas fuerzas, y exclamó: «¿Quién es el que me ha tocado?; porque he conocido que ha salido poder de mí».

Cerca ya de casa de Jairo, salieron corriendo los criados con ensordecedores gritos y lamentos, diciendo que la niña había muerto mientras esperaban la llegada del sanador. Abatidísimo quedó Jairo al escuchar tan funesta noticia, que desvanecía su mejor fundada esperanza. Pero Jesús le exhortó a tener confianza, y acompañado de sus discípulos Juan, Pedro y Santiago, entró en la cámara mortuoria. Después de apartar a un lado a la llorosa familia y a los vecinos que habían acudido a consolarla, les dijo: «La niña no está muerta, sino dormida».

Un grito de indignación lanzaron los circunstantes mojigatos al oír estas palabras del Maestro. ¿Cómo se atrevía a escarnecer la presencia de la difunta, abandonada de los médicos y sobre cuyo cadáver habían ya empezado los sacerdotes a practicar los ritos fúnebres? Pero sin escucharlos, pasó el Maestro las manos por la cabeza de la niña y estrechó entre las suyas las del cadáver. Ocurrió entonces una cosa extraña. El pecho de la niña empezó a moverse y se colorearon de rosa sus mejillas. Después movió brazos y piernas, abrió los ojos con expresión de asombro y miró al Maestro sonriendo dulcemente. Entonces, Jesús, con aire de suavísima ternura, salió del aposento, ordenando que le trajesen de comer a la niña.

Comenzaron en seguida las acostumbradas discusiones. Unos dijeron que el Maestro había resucitado a otro muerto, mientras que otros porfiaban que la niña estaba cataléptica y hubiera vuelto en sí de todos modos. ¿No había dicho el mismo Maestro que estaba dormida? Pero el Maestro no hizo caso de las disputas y se restituyó al campo de su labor, que continuó como de costumbre, enviando a sus apóstoles a otros lugares del país, previas instrucciones respecto a la terapéutica ocultista. Mucho éxito tuvieron los esfuerzos de los apóstoles y de todas partes llegaron excelentes noticias de su labor. Las autoridades reconocieron la creciente influencia del joven Maestro, cuyas acciones vigilaron desde entonces con más ahínco los espías. Tuvo por aquel tiempo Herodes noticia de las enseñanzas del Maestro, en las que reconoció la misma tónica que en las de Juan el Bautista, que había sido condenado a muerte, y comprendió por ello que aunque los hombres murieran, subsistía vivo el espíritu de sus enseñanzas. No es extraño que el cruel tetrarca exclamase con angustioso terror: «¡Este es el espíritu de Juan, a quien hice decapitar, que ha salido del sepulcro para vengarse de mí!». Las autoridades dieron cuenta a Roma de que había aparecido un joven fanático, a quien muchos consideraban como el Mesías y futuro rey de los judíos, que tenía millares de prosélitos por todo el país. A su debido tiempo llegaron órdenes de Roma para que se vigilase cuidadosamente a aquel hombre, quien sin duda trataba de sublevar al pueblo, y que lo encarcelasen o lo condenaran a muerte en cuanto hubiera pruebas lo bastante convincentes.

Por entonces estaba Jesús en un pueblecito de pescadores llamado Betseda, a orillas del lago, a unos diez kilómetros de Cafarnaún. Embarcóse en un bote para ir a un paraje de la costa donde pensaba descansar algunos días; pero al desembarcar vio que aquel paraje estaba ocupado por una multitud anhelosa de enseñanza y curación. Prescindiendo de su fatiga mental y física, satisfizo las necesidades de aquellas gentes, entregándose con fervor y celo a la doble obra de instruir y curar. Había unas cinco mil personas reunidas en su derredor, y a la caída de la tarde circuló la voz de que tenían hambre y no había en el campo suficientes vituallas para saciar la de todos. Promovióse por esta causa un gran tumulto y se oyeron algunas que otras maldiciones. Olvidadas las necesidades espirituales, clamaban imperiosamente por la satisfacción de las corporales. ¿Qué hacer?

Llamó Jesús a los encargados de distribuir los víveres que había en el campo, y mucho fue su disgusto al saber que todo el repuesto consistía en cinco panes y dos peces. Los discípulos no llevaban dinero con que comprar subsistencias, porque vivían de la hospitalidad del país y de las ofrendas de los fieles; y así es que le aconsejaron al Maestro que despachase a la multitud, diciendo que cada cual fuese a Betseda en busca de sustento. Pero Jesús no quiso hacer semejante cosa, sobre todo teniendo en cuenta que abundaban entre el concurso los paralíticos traídos desde muy lejos por sus parientes y amigos, y que aún no estaban curados, y decidió emplear su poder en alimentar a aquella gente.

Ordenó a sus discípulos que distribuyeran a la multitud en grupos de quince personas en disposición de comer, y después mandó que le trajeran los cinco panes y dos peces, sobre los que impuso las manos, los bendijo, y encargó a sus discípulos que los distribuyeran entre la multitud. Los discípulos se miraron unos a otros con aire de extrañeza, creídos de que su Maestro se había vuelto loco; pero conforme iban sacando panes y peces se multiplicaban asombrosamente, de modo que las cinco mil personas saciaron el hambre, y con las sobras se llenaron muchos cestos repartidos entre los más pobres para que se los llevaran a casa y comieran al día siguiente.

Pero se movió un alboroto, porque aquellas gentes, con el estómago satisfecho, creyeron que Jesús tenía sobrado poder para mantenerlos siempre gratuitamente, y empezaron a dar entusiastas gritos de: «¡El Mesías! ¡El rey de los judíos! ¡El Proveedor del Pueblo! ¡El Hijo de David! ¡El gobernante de Israel!». La multitud se exaltó con estos gritos, y algunos de los más osados o quizá mercenarios espías que procuraban poner a Jesús en un compromiso político, lanzaron la idea de que todos como un ejército en formación y con Jesús al frente fuesen de ciudad en ciudad hasta sentarlo en el trono de Israel en Jerusalén. Conocedor Jesús del peligro que semejante propósito entrañaba para su misión, procuró disuadir de aquel disparate a aquellos fanatizados capitostes, y receloso de que las autoridades interviniesen en vista del tumulto, ordenó que los Doce se fueran en el bote a la margen opuesta del lago; pero él se quedó con la multitud para afrontar el recelado peligro.

Retiróse a las cercanas colinas y estuvo toda la noche en meditación. Al día siguiente por la mañana temprano notó que se había levantado tempestad en el lago, y que sin duda estaría en peligro el débil bajel en que iban sus discípulos, quienes de un momento a otro podían naufragar y ahogarse. Deseaba juntarse con ellos para confortarlos; pero como no había ningún barco en la costa, se lanzó intrépidamente de pies al agua y sobre ella anduvo veloz hacia el punto en donde conjeturaba que debía estar el barco. Consciente del poder de levitación de que se valía para contrarrestar la fuerza de gravedad, se encaminaba rápidamente hacia sus discípulos, y al llegar cerca de ellos, creyeron que era un fantasma aquella blanca figura deambulante sobre las aguas y se sobrecogieron de temor. El Maestro les gritó: «Soy yo, no temáis». Entonces Pedro le dijo: «Señor, si eres tú, manda que yo vaya a ti sobre las aguas». El Maestro le dijo sonriente que hacia él viniera como deseaba; y Pedro, cuya fe en el Maestro hizo despertar su poder latente, saltó al agua y se encaminó hacia Él. Pero de pronto perdió la fe y el valor, y con ello también el poder, y se hubiera hundido de no ser por el Maestro, que lo cogió de la mano y ambos en el barco. Los tripulantes acogieron a Jesús con vivo entusiasmo y pusieron rumbo a la costa cerca de Cafarnaún.

En el intento de Pedro de andar sobre el agua, tenemos vivísimo ejemplo de la conocida influencia de la actitud mental de fe en la manifestación del oculto poder. Todos los ocultistas saben que sin implícita fe en su interno poder no logrará manifestarlo en acción. Saben que con la fe pueden obrar milagros sin ella imposibles. Mientras Pedro mantuvo su fe, fue capaz de contrarrestar la acción de ciertas leyes de la naturaleza por medio de la de otras no tan bien conocidas; pero tan pronto como el temor suplantó a la fe, desvanecióse su poder. Éste es un invariable principio ocultista, y el relato del incidente de Pedro contiene todo un volumen de enseñanza oculta para quien sea capaz de leerlo.

Llegados sanos y salvos a la costa del lago, prosiguió Jesús su obra, pues siempre acudía multitud de gente a su alrededor. Pero en la opuesta costa del lago, la muchedumbre saciada con los multiplicados panes y peces se mantenía en levantisca actitud, vociferando que su caudillo los había abandonado negándoles los panes y peces, cuya provisión esperaban que había de continuar. También lamentaban que no prosiguiera el reinado, de los milagros, y por todo ello empezaron a denigrar al Maestro a quien la noche antes habían aclamado. Así, Jesús experimentó, como todos los insignes instructores, la ingratitud del veleidoso pueblo. Los buscadores de panes y peces con los que vivir sin trabajar y los milagreros constantemente renovados, han sido siempre la perdición de los egregios instructores de la Verdad. Cuantos anhelen ser instructores han de advertir que las multitudes que hoy reverencian a un Maestro espiritual con la misma facilidad lo despedazarán mañana.

Malas consecuencias tuvo la compasiva equivocación de Jesús al valerse de sus ocultos poderes para alimentar al gentío, porque bien sabía que era aquello contrario a las reglas consuetudinarias de las fraternidades ocultas. Los formalistas escribas y fariseos, enterados del suceso, se llegaron al Maestro para acusarlo de haber violado una de las fórmulas y ceremonias prescritas por las autoridades eclesiásticas, que exigían de los fieles que se lavasen las manos antes de toda comida. También le acusaron de herejía y de falsas enseñanzas que incitaban a las gentes a prescindir de las acostumbradas ceremonias y observancias. Indignado, Jesús replicó a sus acusaciones con enérgicas y justas invectivas, diciéndoles: «Sois hipócritas que guardáis los mandamientos de los hombres y quebrantáis los de Dios. Os laváis las manos, pero no el alma. Sois ciegos que guiáis a otros ciegos y caéis juntos en hoyos de inmundicia. Lejos de aquí vosotros y vuestra hipocresía». Pero no cesaron los comentarios hostiles a su acción, y disgustado de la aridez del suelo en que había sembrado las preciosas semillas de la Verdad, reunió a sus discípulos y trasladóse a Tiro y Sidón, pacífica comarca donde podría reposar y meditar nuevos planes y obras. Ya veía el principio del fin.

Para comprender la situación del Maestro en aquel entonces, conviene advertir que siempre había actuado entre las masas populares, que eran sus más entusiastas admiradores. Así es que, mientras estuvo atrincherado en el corazón del pueblo, las autoridades civiles y eclesiásticas no se atrevieron a atacarle, temerosas de una grave sublevación; pero una vez lograron malquistarlo con las gentes, arreciaron la persecución y las quejas contra él, consiguiendo al menos convertirlo en un impopular vagabundo. Lo expulsaron de las grandes ciudades, de modo que se vio precisado a peregrinar por las comarcas menos pobladas del país, y aun allí los espías y agentes de la autoridad le acosaban y tendían lazos por ver si le ponían en algún compromiso legal.

Por entonces reveló a sus apóstoles las circunstancias de su divino origen, que ya conocía claramente, y les dijo qué destino le esperaba por haberlo libremente escogido. Añadió que no confiasen en cosechar desde luego los frutos de su obra, porque él no hacía más que sembrar las semillas que tardarían siglos en fructificar. Les reveló el místico secreto de la naturaleza de su obra tal como se revela y sigue revelando hasta hoy día a los iniciados de la oculta Fraternidad. Pero ni aun aquellos discípulos escogidos acabaron de comprender la verdadera importancia de sus enseñanzas, y una vez afligióse al escuchar una discusión tenida entre ellos acerca de los altos cargos que esperaban desempeñar.

Conoció Jesús que le había llegado la hora de trasladarse a Jerusalén para afrontar allí el suceso culminante y coronario de su extraordinaria misión. Y como bien sabía que con semejante proceder ponía su cabeza entre las quijadas del león de las autoridades civiles y eclesiásticas, asentó firmemente sus pies en el camino de Jerusalén, la ciudad capital y centro de la influencia eclesiástica. Aquel camino fue muy duro de recorrer, porque según se acercaba a la capital crecía el número de sus enemigos y era más acerba su oposición. En una aldea le negaron el derecho de hospitalidad, infamia casi desconocida en los países orientales. En otro lugar le arrojaron un pedrusco que lo hirió gravemente. Las gentes se revolvían contra él y le pagaban con insultos y maltratos sus compasivos servicios. Tal es la suerte de todo instructor de la Verdad que echa las sagradas perlas de la sabiduría a los cerdos de multitudes indignas. Repetidas veces lo han experimentado así, cuantos quisieron trabajar por el bien del mundo. ¡Y todavía oímos las quejas de los que deploran que las enseñanzas esotéricas están reservadas a unos cuantos y preguntan que por qué no se han de difundir entre las gentes! El poste de la hoguera, el potro, la lapidación, la prisión celular, la cruz y los modernos sucedáneos de estos suplicios responden calladamente a la pregunta en cuestión.

Caminando hacia Jerusalén, llegaron Jesús y sus escogidos discípulos a Perea, distante algunas leguas de Betania. En este último punto residía una familia amiga de Jesús, compuesta de dos hermanas, María y Marta, y de un hermano llamado Lázaro. Llegó a Perea un propio procedente de Betania con la noticia de que Lázaro se estaba muriendo, y suplicaban sus hermanas que fuese a sanarlo. Pero Jesús no quiso ir y dejó pasar algunos días en hacer caso del aviso. Por fin decidió ir a Betania, porque según dijo a sus discípulos, ya había muerto Lázaro. Al llegar a Betania vieron que, en efecto, estaba Lázaro muerto y sepultado.

Los de Betania recibieron a Jesús con enfurruñada hostilidad, como si dijesen: «Ya está otra vez este herético impostor. No se abrevió a venir en auxilio de su moribundo amigo. Le falló su poder y ahora está desacreditado y desenmascarado». Marta reconvino amistosamente a Jesús por su indiferencia y demora, y él respondió que Lázaro resucitaría, a lo que ella no dio crédito alguno. Después vino María, cuyo dolor era tan intenso y vivo que arrancó lágrimas aun de los propios ojos de Jesús, que eran ya incapaces de llorar por haber visto tanto sufrimiento humano.

Preguntó Jesús en dónde habían enterrado a Lázaro, y lo condujeron a la tumba, seguido de un tropel de gente curiosamente anhelosa de presenciar otro prodigio del hombre a quien temían a pesar de aborrecerlo y vituperarlo.

Llegado Jesús delante de la fría sepultura mandó a los hombres que levantasen la losa. Titubearon los hombres, porque sabían que el cadáver estaba en la tumba y aún se notaba el característico olor de los cadáveres en corrupción. Pero el Maestro insistió en el mandato y entonces los hombres levantaron la losa, quedando Jesús frente a la abierta sepultura.

Permaneció durante algunos minutos en actitud meditabunda, con notorios indicios de enérgica concentración mental. Sus ojos tomaron extraña expresión y todo su cuerpo denotaba que ponía en acción toda la energía de su interno poder. Desechaba de su mente cuantos pensamientos la habían llenado en las pasadas semanas, a fin de enfocarla en un sólo punto y concentrarse para la obra que iba a efectuar.

Entonces, movilizando sus fuerzas de reserva, con un potente esfuerzo exclamó: «¡Lázaro! ¡Lázaro! ¡Ven fuera!»

Los circunstantes se sobrecogieron de horror al escuchar la evocación de un difunto ya medio corrompido, y se oyeron algunas voces de protesta; pero Jesús, sin hacer caso de nadie, exclamó de nuevo: «¡Lázaro! ¡Sal fuera! ¡Yo te lo mando!»

Y entonces apareció en la boca del sepulcro la espectral figura de Lázaro envuelto en el sudario, del que luchaba por desprenderse y ver la luz. ¡Verdaderamente era Lázaro! Al rasgar el sudario, todavía manchado con las suciedades de la corrupta materia, vieron todos que las carnes del resucitado estaban limpias y puras como las de un niño. Jesús había obrado un prodigio mucho mayor de cuantos hasta entonces habían asombrado al mundo.

La excitación causada por esta incomprensible maravilla llegó a Jerusalén cuando ya se creía que el Maestro estaba recluido en su propia insignificancia, y puso de nuevo en actividad a las autoridades, que determinaron acabar de una vez para siempre con aquel pestilente charlatán. ¡Nada menos que resucitar un cadáver putrefacto! ¿Qué nuevas imposturas no maquinaría para alucinar a las crédulas gentes y volverlas a reunir en torno de su rebelde estandarte? Aquel hombre era indudablemente peligroso y debía ponérsele en el acto donde no pudiera dañar.

A las pocas horas de recibirse en Jerusalén la noticia de la resurrección de Lázaro, se reunió en sesión el sanedrín, el supremo concilio eclesiástico de los judíos, convocado urgentemente por sus directores para tomar enérgicas medidas contra aquel impío y herético impostor, cuyos ataques a la religión y el orden social se habían tolerado por demasiado tiempo. Se le había de parar manos y pies antes de que sublevara al pueblo una vez más. Los sacerdotes advirtieron a las autoridades romanas de que el peligroso hombre que se acercaba a la ciudad pretendía ser el Mesías, y sus propósitos eran derrocar primero a las autoridades del Templo y después proclamarse rey de los judíos y ponerse al frente de un movimiento revolucionario con intento de desafiar y vencer el gobierno de la misma poderosa Roma.

Toda la máquina política se puso en movimiento, y los ministros de la ley se prepararon para prender a Jesús y sus discípulos en cuanto hiciesen la más mínima cosa que los delatara como enemigos de la sociedad, de la religión y del Estado. Las autoridades romanas se pusieron alerta al recibir el aviso de los sacerdotes judíos, determinadas a sofocar la rebelión en cuanto apuntase. El sumo sacerdote Caifás convocó a todos los sacerdotes y acordaron que sólo la muerte de aquel falso Mesías podría acabar con la agitación que amenazaba destruir su poder y autoridad. Así quedó echada la suerte.

Entretanto, Jesús descansaba en Betania rodeado del gentío que acudía a ver a Lázaro y a renovar su adhesión al Maestro, a quien tan vilmente habían abandonado. Eran adoradores del dios éxito, y los últimos milagros habían reavivado su desfalleciente y debilitada fe, y acudían con presuroso entusiasmo a alabar y bendecir al Maestro, al mismo que ayer habían vilipendiado y contra el que mañana vociferarían: «¡Crucificadle!». Porque tal es la psicología de las multitudes. De los que seguían a Jesús, ninguno se atrevió a confesar su adhesión en la hora de la prueba; y aun huyeron al verlo en manos de sus enemigos. Y por ellos vivió y sufrió y enseñó el Hijo del Hombre. Ciertamente, su vida fue el más estupendo de todos los milagros.

Lección VIII

El fin de la Obra

Para descansar algún tiempo antes de su formal entrada en Jerusalén, buscó el Maestro un apartado retiro en las inmediaciones del desierto. En la aldea de Efraín en Perea y por otros puntos del país galileo anduvo Jesús con los Doce, prosiguiendo su obra de curación y enseñanza.

Pero poco tiempo duró aquella tregua de lo inevitable. Determinó Jesús ir directamente a la sede de las autoridades civiles y eclesiásticas que se habían conjurado contra él. Poco antes de la Pascua, reunió a los Doce y fijó la etapa final del viaje. Los peregrinos que se encaminaban a la capital ardían en curiosidad y sobresalto respecto de aquel viaje del Maestro al asiento de sus enemigos. Circulaban rumores de que intentaba concentrar sus fuerzas y expulsar a sus enemigos de sus sitiales de poder. Se sabía que el sanedrín estaba resuelto a castigarlo, y las gentes pensaron que no se habría atrevido a enfrentarse con sus enemigos si no tuviese probabilidades de vencer en la batalla final.

Esta creencia en su determinación motivó un cambio de los sentimientos populares en su favor, y muchos que se habían apartado de él volvieron a su lado, soñando en la victoria y presintiendo de nuevo un inevitable abastecimiento de panes y peces. Le rodearon deseosos de contarse entre la victoriosa hueste. Pero él no los alentó ni les dijo palabra, pues sabía que eran temporales y ocasionales servidores.

Noticioso el vecindario de Jerusalén de que Jesús venía, y movidos por la curiosidad de presenciar su triunfal entrada en la capital, se agolparon alrededor de los suburbios por donde había de pasar. Por fin se oyeron gritos de: «¡Ya llega!», pero con asombro y disgusto vieron las gentes que venía pausadamente montado en un asno, sin ostentación ni pretensiones ni afectadas actitudes. Los vecinos de Jerusalén se dispersaron riéndose y mofándose de él; pero los peregrinos le recibieron entusiastamente y alfombraron de palmas su camino, gritando: «¡Bendito sea el rey que viene en nombre del Señor!».

El Maestro se encaminó derechamente al Templo para cumplir con las obligadas ceremonias, y tan sorprendidos quedaron los sacerdotes al ver su impávida actitud, que demoraron su intento de prenderle, porque temían una trampa, y procedieron cautelosamente, dándole licencia para salir de la ciudad y pasar la noche en Betania. A la mañana siguiente regresó a Jerusalén y allí estuvo con sus discípulos, asistiendo regularmente al Templo sin cejar en su obra de curación y enseñanza.

Entretanto, se acumulaban sobre su cabeza las nubes de la persecución. Uno de los Doce, llamado Judas Iscariote, que estaba disgustadísimo porque el Maestro no había querido valerse del favor popular para proclamarse el Mesías y el Rey de los Judíos, y temeroso también de verse envuelto en el fracaso que presentía, entró en tratos con los sacerdotes con objeto de traicionar al Maestro y entregarlo a manos de las autoridades, mediante el pago de unas monedas de plata y la inmunidad ulterior de su persona.

Así transcurrió el tiempo, y pasaba Jesús las noches en Betania y los días en el Templo. Finalmente, los sacerdotes tomaron la importante determinación de exigir de Jesús que demostrara tener el título de rabino y el consiguiente derecho de predicar a los ortodoxos miembros de la iglesia. Jesús les respondió haciéndoles a su vez preguntas que ellos no se atrevieron a contestar. Entonces los sacerdotes volvieron a preguntare sobre puntos doctrinales con el intento de sorprenderle en alguna herejía, con lo que tendrían motivo para arrestarlo. Pero Jesús evadió hábilmente las capciosas preguntas. Después trataron de que dijese algo en contra de las autoridades romanas, pero también eludió aquella red.

Sin embargo, lograron los sacerdotes que atacase su autoridad, pues exclamó con indignado acento: «¡Ay de vosotros, escribas y fariseos, hipócritas, opresores del pobre, lobos disfrazados de pastores que devoráis las ovejas que tenéis a vuestro cargo! ¡Ay de vosotros, hipócritas escribas y fariseos!». Después salió y regresó a Betania para pasar la noche, no sin haber profetizado la destrucción del Templo, del que no quedaría piedra sobre piedra.

Aquella noche dio las últimas instrucciones a sus discípulos y les dijo que se acercaba la hora, que no tardaría mucho en morir y que ellos se dispersarían por todo el mundo acosados y perseguidos por su nombre y su causa. Fue aquella una terrible revelación para algunos de ellos, que habían soñado en grandezas terrenales y elevadas posiciones. Entonces Judas, conociendo que había llegado la hora de obrar, se escabulló de la reunión a hurtadillas para verse con el sumo sacerdote y cerrar con él la maquinación que había de hacer de su nombre sinónimo de traidor en el transcurso de los siglos.

El día siguiente, que era miércoles, permaneció en Betania las veinticuatro horas, con el evidente propósito de movilizar sus fuerzas de reserva para afrontar la prueba que le aguardaba. Separóse de sus discípulos con objeto de entregarse a la meditación, y así pasó el resto del miércoles y la mañana del jueves. Pero a prima noche llamó a los Doce para la cena de Pascua, uno de los ritos de tan solemne festividad.

Sin embargo, aquella cena estuvo algún tanto perturbada al principio por una leve contienda entre los discípulos sobre el orden de preferencia de los puestos en la mesa. Judas logró colocarse al lado del Maestro, quien sorprendió a sus discípulos con la insistencia con que quiso lavarles los pies, pues se figuraban que se rebajaría ante ellos. No comprendían el significado oculto de aquella ceremonia, que en las fraternidades ocultas efectuaba el hierofante con los hermanos elegidos para desempeñar un importante cargo o delicada misión, y también al que iba a sucederle en su dignidad. Así lo hizo Jesús, quien después ordenó a sus apóstoles que se lavaran los pies unos a otros en señal de que cada uno de ellos reconocía la misión de los demás. Entonces, sobrecogido Jesús por lo que sabía que iba a sucederle al día siguiente, exclamó angustiado: «En verdad os digo que uno de vosotros me ha de entregar». Todos le fueron preguntando: «¿Soy yo, Señor?», a lo que él respondía moviendo negativamente la cabeza. Pero Judas no preguntó nada, sino que, abrumado por la confusión, tomó un pedazo de pan del plato del Maestro. Éste tomó también otro pedazo de pan y, tras mojarlo en su plato, se lo dio a Judas, diciéndole firmemente: «Judas, haz cuanto antes tu obra». Y Judas, avergonzado, se marchó de la mesa y de la sala.

Entonces comenzó la notabilísima plática de la última Cena, tal como relatan los evangelios, y se celebró por vez primera la Sagrada Comunión, cuyo místico significado explicaremos ulteriormente. Jesús entonó el himno de Pascua, y poco después salieron todos del aposento y de la casa, en dirección del huerto de Getsemaní, en donde separado de sus apóstoles, reducidos a once, se entregó a la oración, rogando al Padre que le diese fuerzas para soportar la prueba final. En lucha con las dudas, temores y desconfianzas de su humana naturaleza, venció por fin los impulsos de la carne, y prorrumpió en aquel supremo grito: «¡Padre! Hágase tu voluntad y no la mía». Con esto abdicó para siempre del derecho de elección que tenía de impedir los terribles sucesos que se avecinaban. Resignó sus ocultos poderes de defensa y ofrecióse como el Cordero pascual en el altar del sacrificio.

Salió del huerto en donde había operado el más estupendo de sus prodigios, cual era la renunciación, y acercándose a sus discípulos les dijo: «Ha llegado la hora. El traidor está aquí para cumplir su obra».

Se oyeron entonces rumores de entrechoque de armas y marciales pasos, y al punto apareció una tropa de soldados que acompañaban a una delegación de sacerdotes, precedidos todos por el Iscariote, quien adelantándose hacia Jesús le besó, diciendo: «¡Salve, Maestro!», que era la señal convenida entre Judas y el sumo sacerdote para que los soldados de la escolta prendieran a Jesús, quien respondió al saludo exclamando: «¿Con un beso entregas al Hijo del Hombre?». En aquel momento llegó a su extremo límite la pena del Maestro.

Entonces los soldados le rodearon y se lo llevaron preso, sin que él hiciera la más leve resistencia. Únicamente cuando se acercaron a prenderle, les preguntó: «¿A quién buscáis?». Y el capitán de la escolta respondió: «A Jesús Nazareno». El Maestro repuso serenamente: «Yo soy». Pero los discípulos intentaron defender a Jesús, y Pedro cortó con su espada la oreja de uno de la tropa, criado del sumo sacerdote. Sin embargo, Jesús mandó a sus discípulos que desistieran de toda resistencia y, acercándose al herido, le colocó la oreja en su lugar y quedó sano instantáneamente. Después les dijo a sus discípulos que con sólo orar al Padre tendría en su apoyo más de doce legiones de ángeles. Dicho esto mandó al jefe de la escolta que le condujera donde fuese. Quiso entonces despedirse por última vez de sus discípulos, y al volver la cabeza vio que todos como un solo hombre habían huido y le habían abandonado en aquella hora de prueba. Pero así debe estar toda alma humilde en los momentos de suprema lucha: a solas con su Creador.

La escolta emprendió el camino de Jerusalén, llevando a Jesús, el Maestro de todo Poder, como manso y humilde cautivo, sometido de grado a los decretos de la divina Voluntad. Lo condujeron al palacio del sumo sacerdote, donde el sanedrín estaba reunido en sesión secreta, esperando la llegada del preso. Y allí, atado de manos como un vulgar delincuente, compareció ante aquellos tiranos eclesiásticos, para que lo juzgaran, el que con un solo esfuerzo de su voluntad hubiera desmenuzado la fábrica del palacio y herido de muerte a cuantos estaban entre sus paredes. Aquello no era más que el prólogo. Durante las ocho horas siguientes fue sometido a seis distintos juicios, si cabe llamar así a tan inicuo e insidioso proceso. Entre los rudos golpes y las soeces injurias que sobre él descargó el odio eclesiástico, mantuvo Jesús incólume su dignidad de Maestro. Falsos testigos al efecto sobornados, le acusaron de todo linaje de crímenes y herejías. Después, el sumo sacerdote Caifás le preguntó: «¿Eres tú el Cristo?». Y Jesús, que hasta entonces nada había respondido contra las falsas acusaciones, exclamó: «Tú lo has dicho». Al oír esto el sumo sacerdote, rasgó sus vestiduras en muestra de piadosa indignación y dijo: «¡Ha blasfemado!».

Desde aquel momento ya no había posibilidad de escape para el Maestro. Se había condenado virtualmente con sus propias palabras. Ya no podía retractarse ni demorar la sentencia. Brutalmente lo empujaron fuera de la sala, consintiendo que la chusma del palacio le abofetease y escarneciera a mansalva. Insultos, maldiciones, befas, vituperios y golpes cayeron como granizada de fuego sobre él, sin que exhalara ni una queja, porque sus pensamientos habían abandonado todas las cosas terrenas y vibraban en planos de existencia muy superiores a las viles ilusiones de los hombres.

Con la mente fija en lo Real, se había desvanecido de su conciencia lo Ilusorio.

Por la mañana del día siguiente a la noche de su prisión, llevaron a Jesús a la presencia de Poncio Pilatos, gobernador romano de Judea, para que lo juzgase la autoridad civil. Pilatos no estaba dispuesto a condenar a Jesús, porque creía que todo aquello estaba motivado por discrepancias teológicas y eclesiásticas con las que nada tenía que ver la autoridad civil. Su esposa le aconsejó que no se mezclara en la contienda, pues miraba ella con secreta simpatía al Maestro. Pero Pilatos se vio acometido por la sólida influencia del sacerdocio judío, a cuyo poderío no debía oponerse según las instrucciones recibidas de Roma. Además, los sacerdotes habían dado carácter político a sus acusaciones contra Jesús, diciendo que intentaba provocar una rebelión y proclamarse rey de los judíos, además de haber alterado el orden público e incitado al pueblo a que no pagase los tributos impuestos por las autoridades romanas. La causa era dudosa y Pilatos no sabía qué hacer. Entonces, un sacerdote sugirió la idea de que, como Jesús era galileo, debía comparecer ante el tribunal de Herodes, en cuya jurisdicción había cometido los principales crímenes. Pilatos cedió gozosamente a esta insinuación para zafarse de toda responsabilidad en el asunto. Así fue transferida la causa a Herodes, quien por entonces estaba de visita en Jerusalén. Llevaron a Jesús a la presencia de Herodes, y después de sufrir por parte de este tirano toda suerte de escarnios y humillaciones, lo mandó de nuevo a Pilatos para que lo juzgase.

Seguidos de las turbas, condujeron de nuevo a Jesús al palacio de Pilatos, quien se enojó muchísimo por haberle cargado Herodes con aquella responsabilidad, y recurrió a un expediente de inhibición, apoyado en la costumbre judía, respetada por los gobernadores romanos, de indultar a un criminal en atención a la solemnidad de la Pascua. Así es que anunció su deseo de indultar a Jesús, de conformidad con la costumbre; pero las autoridades judías le respondieron que no consentían el indulto de Jesús, sino que se indultara a un famoso criminal llamado Barrabás. Viéndose Pilatos incapaz de contrariar los deseos del sacerdocio judío, con hondo disgusto por su parte, indultó a Barrabás y condenó a muerte a Jesús. En el palacio resonaban las vociferaciones de la turba que, excitada por los sacerdotes, prorrumpía en gritos de «¡Crucificadle! ¡Crucificadle!». Pilatos se presentó ante los sacerdotes y el populacho y, lavándose las manos en una jofaina a estilo oriental, les dijo a los judíos: «Inocente soy yo de la sangre de este justo; allá vosotros». Y la turba respondió a gritos: «Su sangre sea sobre nosotros, y sobre nuestros hijos».

Entre tanto habían azotado cruelmente a Jesús con los bárbaros instrumentos de tortura de aquel tiempo. Su lacerado y sangrante cuerpo desfallecía abatido por la pérdida de sangre. A guisa de befa le clavaron en la cabeza una corona de espinas que le taladraban el cráneo. Se le negaron los acostumbrados días de respiro entre la sentencia y la ejecución, pues los sacerdotes determinaron que muriese aquel mismo día. Le cargaron con la cruz a cuestas, obligándole a llevarla a pesar de que estaba abrumado de fatiga. En el camino vaciló y cayó tres veces, incapaz de soportar tan pesado madero. Por fin llegó la triste comitiva al monte Gólgota, lugar de la ejecución, y clavaron en la cruz al Hombre de las Aflicciones, y después de clavarlo lo levantaron en alto, para que muriese tras lenta y horrible agonía. A uno y otro lado fueron ajusticiados dos ladrones, sus compañeros en el sufrimiento.

Rechazó el brebaje que se acostumbraba dar a los crucificados para anestesiarlos, pues prefirió morir en completa posesión de sus facultades. Sobre su cabeza pusieron en la cruz, por orden de Pilatos, una inscripción que decía «Rey de los judíos», en sardónica ironía contra los que le habían forzado a condenarlo a muerte.

Al colocar la cruz levantada sobre el suelo, exclamó el Maestro a voz en grito: «¡Padre! Perdónalos, porque no saben lo que hacen».

Vilipendiado por las turbas sufrió las horribles agonías de la cruz, y uno de los crucificados criminales le insultó diciéndole que por qué no se salvaba él y los salvaba a ellos. También los del populacho le preguntaron cómo era que habiendo salvado a otros no podía salvarse a sí mismo. Pero él, que con su oculto poder hubiera operado el milagro que le pedían, no respondió palabra y esperó el fin.

Acometido por el delirio de la muerte, clamó al Padre, preguntándole por qué le había abandonado en su aflicción. Pero se acercaba el fin. Levantóse entonces una extraña tempestad. Oscurecióse el cielo, fulguró el rayo, calmóse el viento y un pavoroso silencio sobrecogió toda la escena iluminada por cárdena claridad. Tembló súbitamente la tierra con espantables gemidos y terrible fetidez de azufre. Se estremecieron y vacilaron los cimientos de Jerusalén, y los muertos salieron de sus abiertas tumbas. El velo del Templo se rasgó por la mitad.

Los gritos de la gente que de un lado a otro huía despavorida con mortal terror, llamaron la atención de algunos hacia la cruz, y el centurión que había presidido el suplicio, al ver que Jesús había muerto, postróse ante la cruz exclamando: «¡Verdaderamente este hombre era justo!»

El Maestro Jesús había dejado el cuerpo que de morada le sirviera durante treinta y tres años. Sus devotos adherentes embalsamaron el cadáver y lo sepultaron en secreto lugar.

Llegamos ahora a un punto en que las tradiciones y enseñanzas ocultas difieren del relato evangélico. Sin embargo, la diferencia es más aparente que real, porque las narraciones sólo varían en cuanto al punto de vista y grado de comprensión de los instructores. Aludimos a los sucesos pertinentes a la resurrección de Jesús.

Conviene advertir que el Maestro había anunciado a sus discípulos que «al tercer día resucitaría de entre los muertos y aparecería de nuevo entre ellos». A la ordinaria comprensión le indican estas palabras que el Maestro volvería a ocupar su cuerpo físico y reaparecer de este modo. El relato evangélico así lo entiende, y sin duda lo afirmó en tal sentido a fin de que las mentes vulgares más fácilmente lo comprendieran.

Pero las ocultas tradiciones enseñan que tres días después de su muerte se apareció Jesús a sus discípulos y estuvo con ellos algún tiempo instruyéndoles en los profundos misterios de la doctrina secreta; y los místicos han sostenido y enseñado siempre que se les apareció en cuerpo astral y no en la ya desechada forma física.

Para las gentes vulgares el cuerpo físico lo es todo, según demostramos en la primera lección, y de aquí la popular creencia de que en el último día resucitará todo el linaje humano en sus cuerpos físicos, pues no lo hubieran entendido las gentes dicho de otro modo.

Mas para los ocultistas y místicos que conocen la verdad respecto de los sutiles vehículos del alma, semejante resurrección física es una grosera y anticientífica idea, y saben que según las enseñanzas esotéricas Jesús usó el cuerpo astral por vehículo de su reaparición.

Dice el relato evangélico que, por instigación de los sacerdotes, puso Pilatos una guardia de soldados romanos en el sepulcro de Jesús y mandó sellarlo para impedir que los discípulos vinieran por la noche a llevarse el cadáver y derramaran después la voz de alarma de que había resucitado; pero que, no obstante estas precauciones, resucitó Jesús en su cuerpo físico, y los discípulos se atribularon por creer que alguien había robado el cuerpo de su Maestro.

Las tradiciones ocultas enseñan diversamente que los más fieles amigos de Jesús, ayudados por un conspicuo judío, secretamente discípulo, recabaron del condescendiente Pilatos una orden reservada para quitar el cuerpo de la cruz y sepultarlo en un secreto y seguro pasaje, donde se convirtió en el polvo a que todo lo mortal ha de volver. Aquellos fieles amigos sabían que la resurrección del Maestro no tenía nada que ver con su mortal cuerpo físico. Sabían que el inmortal espíritu del Maestro aparecería revestido de la envoltura astral para manifestarse a sus sentidos físicos. Todo ocultista lo comprenderá así sin necesidad de mayor explicación. A los demás les recomendamos que lean cuanto se ha escrito acerca del cuerpo astral y sus características, pues no pertenece a este libro la exposición de los fenómenos relativos al cuerpo astral del hombre.

La primera persona que vio al Maestro en forma astral fue María de Magdalena, discípula y admiradora de su Señor. Llorando estaba junto al sepulcro cuando al alzar los ojos vio que se acercaba una figura humana. No la reconoció de pronto, porque no estaba familiarizada con las formas astrales; pero al oírse llamar por su nombre la miró más detenidamente al acercarse y entonces reconoció las facciones del Maestro.

También las tradiciones ocultas corroboran algunas de la primitiva iglesia cristiana, especialmente la que durante los tres días siguientes a la escena del Calvario se aparecieron en Jerusalén y sus alrededores muchos difuntos que habían muerto poco tiempo atrás, y que en forma astral visitaron los lugares de su vida anterior y los vieron sus parientes y amigos.

Después se apareció Jesús en cuerpo astral a sus discípulos. Refiere la tradición que dos de los once lo encontraron en la tarde del domingo de Pascua, el mismo día en que se apareció a la Magdalena. Por extraño que parezca, no lo reconocieron de pronto aunque anduvo con ellos por el camino por donde iban y comieron con él en la misma mesa de la casa donde se hospedaron. Esta falta de reconocimiento no tiene ordinaria explicación, ni los exégetas han intentado explicarla; pero las ocultas enseñanzas dicen que por prudencia no materializó enteramente Jesús su cuerpo astral, y por consiguiente no estaban distintamente señaladas sus facciones; pero que en la comida, al partir el pan, se materializó del todo y los discípulos lo reconocieron fácilmente. Sin dificultad comprenderán esta afirmación los ocultistas que hayan visto materializarse un cuerpo astral. En cambio, la ortodoxa suposición de que Jesús resucitó en cuerpo físico es incompatible con la falta de reconocimiento por parte de los dos discípulos que le habían acompañado siempre antes de su muerte. Basta la más leve reflexión para demostrar cuál de ambas afirmaciones, si la evangélica dogmática o la ocultista, es más lógica y veraz.

Jesús permaneció visible a sus escogidos discípulos durante cuarenta días, como lo comprueban centenares de testigos personales. Hay varias tradiciones místicas acerca de algunas de sus apariciones. no mencionadas en los evangelios. Una de ellas afirma que se apareció a Poncio Pilatos, perdonándole por la parte que había tomado en la tragedia del Calvario. Otra tradición asegura que Herodes lo vio en su dormitorio; otra, que se presentó en el Templo, delante de los príncipes de los sacerdotes, quienes aterrorizados se postraron ante él de hinojos, y otra dice que se apareció a los once mientras estaban retirados en cámara cerrada, y después de decirles: «La paz sea con vosotros, amados míos», se desvaneció de su vista.

Los evangelios relatan otra aparición a los once, cuando el incrédulo Tomás quiso asegurarse de la identidad del Maestro poniendo sus dedos en los estigmas, que reproducía el cuerpo astral según las conocidas leyes que rigen este fenómeno.

Estas idas y venidas de Jesús, las súbitas apariciones y desapariciones, la manifestación reiterada de su forma astral sólo a quienes deseaba que lo vieran y su ocultamiento de los que no habían de conocer su vuelta demuestran concluyentemente la naturaleza del vehículo que usó para manifestarse después de su muerte. No habría duda alguna sobre el particular entre las gentes si conociesen las leyes relativas a los fenómenos del mundo astral.

Los relatos evangélicos denotan que los discípulos reconocían que Jesús no era un «espíritu» en el sentido de aérea e insustancial forma. Ellos percibían su cuerpo y lo veían comer; pero, ¿qué importa esto? Las leyes de la materialización de las formas astrales posibilitan que, en determinadas condiciones, la forma astral se materialice de suerte que no sólo sea perceptible por la vista, sino también por el tacto. Los anales de la Sociedad de Investigaciones Psíquicas de Inglaterra corroboraron sin género de duda los fenómenos familiares a los ocultistas adelantados.

Un día se apareció Jesús a sus discípulos, quienes le acompañaron a un monte donde les habló de la obra que habían de llevar a cabo en el mundo, y después se despidió de ellos, y fue poco a poco desapareciendo de su vista. El relato evangélico lo describe ascendiendo en los aires hasta perderse de vista, pero el relato místico nos dice que su forma astral se fue desmaterializando poco a poco, hasta que los discípulos dejaron de verla. Desprovista el alma de Jesús de toda envoltura y forma material, ascendió a los superiores planos de existencia.

En vista de esta explicación, ¿no parece tan grosero como pueril el vulgar relato? ¿Puede alguien que esté familiarizado con las leyes y fenómenos de los planos allende el Velo creer que un cuerpo físico ascienda a las esferas en donde no existen las ordinarias formas de materia? Semejantes ideas sólo concuerdan con mentes que para concebir la inmortalidad creen necesaria la «resurrección del cuerpo» de las almas salidas de este mundo. Para el ocultista el cuerpo físico es tan sólo un temporal vehículo del alma que oportunamente lo desecha, pues nada tiene que ver con la real existencia del alma, la cual se desprende de la envoltura física como la mariposa del capullo cuando lo rompe para desplegar sus alas en nuevo ambiente.

Las ideas sobre la inmortalidad del cuerpo físico son producto de materialistas mentes no acostumbradas a pensar en los planos superiores de vida e incapaces de comprender lo que sean. Terrenos y mundanales son estos conceptos e ideas, y en cuanto el cristianismo las repudie como inútiles cascarones, experimentará la reviviscencia de la genuina espiritualidad que tan necesaria juzgan las almas devotas y por la que fervorosamente ruegan.

Están las iglesias tan aferradas al concepto materialista, que ningún predicador se atreverá ni a insinuar siquiera la existencia de planos de vida superiores al físico, porque lo acusarían de «espiritista» o de creer en fantasmas y aparecidos. En nombre de la Verdad preguntamos: ¿es la enseñanza de que *el hombre es un ser espiritual* incongruente con la doctrina de Cristo y los relatos evangélicos? ¿Debemos repudiar esta creencia y suplantarla por un paganizante credo en la resurrección del «cuerpo físico» de los muertos, en la inmortalidad del desintegrado cuerpo mortal de largo tiempo desechado? ¿Cuál es la enseñanza verdaderamente espiritual? ¿Cabe alguna duda respecto de cuál lo sea en una mente que quiera pensar por sí misma? Deplorable es que las iglesias ortodoxas no se rindan a la verdad y cesen de excomulgar a quienes afirman la existencia del alma independientemente del cuerpo físico.

¿De qué serviría el alma si para que los muertos gocen de inmortalidad necesitan que resuciten sus cuerpos físicos? ¿En dónde están ahora las almas que esperan la resurrección de sus cuerpos en el último día? ¿Están las almas de los muertos unidas a sus cuerpos? Si no lo están, forzosamente han de vivir independientemente del cuerpo, y si así es, ¿por qué han de verse obligadas a recobrar sus desintegrados cuerpos si no los necesitaron durante su vida desencarnada? ¿Qué les sucederá a los que en vida tuvieron cuerpos deformes, contrahechos o enfermizos? ¿Se les forzará a vivir eternamente en ellos?

¿Habrán de recobrar los viejos y achacosos sus desgastados cuerpos? Si no, ¿qué necesidad tienen de cuerpo físico en la vida futura? ¿Tienen los ángeles cuerpo físico? Si no lo tienen, ¿por qué han de necesitarlo las almas en los planos superiores? Si reflexionamos sobre estas cuestiones nos convenceremos de cuán materialista es el vulgar concepto cristiano comparado con el del cristianismo místico, que enseña la evolución espiritual desde los planos inferiores a los superiores de la existencia allende el débil concepto de los hombres de hoy día.

Enseñan las tradiciones ocultas que, durante los cuarenta días de la aparición de Jesús en cuerpo astral, comunicó muchas verdades superiores a sus discípulos, y aun dicen que sustrajo a algunos de ellos de sus cuerpos físicos y les mostró los planos superiores de existencia. También les informó acerca de la verdadera naturaleza de la misión que le había traído al mundo, que entonces veía más claramente por haberse desvanecido la nube de su cuerpo moral.

Díjoles que la positiva obra de sus discípulos era sembrar las semillas de la Verdad sin esperanza de inmediatos resultados, pues el fruto no maduraría hasta pasados dos mil años. El transcurso de los siglos había de ser como la preparación del terreno para la magna obra de la Verdad y que en lejanísimo tiempo llegaría la fructificación.

También les habló de su segunda venida, cuando la real Verdad de sus enseñanzas fuese evidente para la humanidad y la iluminase la verdadera Luz del Espíritu, pues su obra mantendría viva la llama del Espíritu, que iría pasando de generación en generación a sus discípulos.

Estas y otras muchas cosas les enseñó antes de ascender a los planos superiores.

Y los místicos enseñan que todavía vive Jesús en el mundo entre todas las almas vivientes de la tierra, esforzándose en conducirlas al reconocimiento de su verdadero ser, del interno Espíritu. Está siempre con nosotros como un Espíritu residente, un Consolador, un Protector, un Hermano mayor.

¡No se ha ido de nosotros! ¡Está aquí ahora y siempre con nosotros en positiva comunión espiritual!

¡Verdaderamente resucitó el Señor de la mortal forma a la inmortal existencia espiritual!

Lección IX

Las enseñanzas internas

La primera y principal fase de las enseñanzas internas o esotéricas del cristianismo místico es la relacionada con el misterio de la vida de Jesús. Las enseñanzas externas o exotéricas sólo dan un deficiente concepto de la verdadera vida y naturaleza del Maestro, en cuyo torno han levantado los teólogos un edificio de especulación dogmática. El misterio de la vida de Jesús constituye el tema de importantes enseñanzas internas de las místicas y ocultas fraternidades, que lo consideran como el fundamento de las demás enseñanzas. Por lo tanto, trataremos de esta fase del asunto.

En primer lugar debemos tener en cuenta que el alma de Jesús era diferente de las almas de los otros hombres. Nació de una virgen no en el sentido comúnmente aceptado, sino en el sentido oculto, según explicamos en la lección II. Su alma surgía nueva de manos del Creador y no había estado obligada a luchar en repetidas encarnaciones por manifestación y expansión en bajas y viles formas. Estaba incontaminada y tan pura como la Fuente de que procedía. Era un alma virgen en toda la extensión del calificativo.

De esto se infiere que no estaba ligado por el karma de pasadas encarnaciones, como las almas ordinarias. No le oprimían lazos kármicos ni tenía semillas de deseo y acción que, plantadas en anteriores vidas, pugnasen por brotar en la suya. Era un espíritu libre, un alma independiente; y por lo mismo, no sólo no estaba ligado por karma alguno personal, sino que por naturaleza estaba libre del karma colectivo de la raza y el mundo.

La carencia de karma personal entrañaba la carencia de deseos personales que atan al hombre a la rueda de las ambiciones egoístas. No deseaba engrandecimiento ni gloria personal, y por naturaleza estaba completamente libre para trabajar por el bien de la raza como externo observador y auxiliador sin sujeción forzosa a los dolores y tristezas de la vida humana. Pero él quiso sufrir voluntariamente, según veremos.

La absoluta carencia de karma le eximía de la necesidad de pasar por los humanos dolores que son parte del karma colectivo. Hubiera sido completamente capaz de vivir libre por completo de las penas, tribulaciones y pruebas comunes a todos los hombres por el karma de la raza humana. Si quisiera, escaparía de la persecución, de las torturas físicas y mentales y aun de la misma muerte. Pero él quiso sufrir todo ello de su propia voluntad, para cumplir la obra que ante sí veía como Salvador del Mundo.

Para que Jesús desempeñara su función como Redentor y Salvador de la humanidad era necesario que cargara sobre sí el karma de la raza, o sea que acumulara sobre su cabeza «los pecados del mundo». Antes de levantar la carga que pesaba sobre el linaje humano, debía ser un hombre entre los hombres.

Para comprender esto más claramente, conviene advertir que un alma como la de Jesús, libre de karma, no estaba sujeta a las tentaciones, ansiedades, deseos y demás estados de ánimo propios del hombre ligado al karma de pasadas encarnaciones, que como internas semillas de acción pugnan por educirse y manifestarse.

Con su alma libre hubiera sido Jesús un externo observador de las cosas del mundo sin recibir la influencia de ninguno de los mundanales incentivos de la acción. En tales circunstancias hubiera auxiliado al mundo como maestro e instructor; pero no habría sido entonces capaz de realizar la magna obra de redimir al mundo en su altísimo significado espiritual, según veremos más adelante. Le era necesario cargar con el peso de la vida terrena para salvar a los moradores de la tierra.

Las enseñanzas ocultas nos dicen que, durante su estancia en países extranjeros, fue Jesús tan sólo un instructor sin la más leve idea de su verdadera misión. Pero gradualmente fue recibiendo toques de iluminación que le dieron a conocer su genuina naturaleza y la diferencia entre él y los demás hombres. Entonces se convenció de la formidable obra que le aguardaba en la redención del linaje humano y reconoció la necesidad de compartir el karma de los hombres para llevar a cabo su plan. Por lentos grados adquirió este convencimiento, y tomó su definitiva determinación al recibir de mano de Juan el bautismo en el desierto.

Después de su prolongado ayuno y días de meditación, tuvo medio de asumir el karma del mundo. En aquella formidable lucha espiritual, la más tremenda que presenció la tierra, Jesús encorvó delicadamente sus hombros para cargar sobre su espalda el peso del pecado. En aquel momento, las almas de los hombres recibieron un beneficio incomprensible para el ordinario entendimiento. La potente alma de Jesús se ligó voluntariamente al karma humano, alentada por el puro Espíritu, con objeto de aliviar parte del peso kármico y emprender la obra de adelantamiento y redención de la humanidad.

Pero conviene advertir que por ser un alma libre animada por el puro Espíritu, era Jesús un Dios, no un hombre, aunque hubiese tomado carnal vestidura humana. Su poder era muy superior al de las inteligentes entidades esparcidas por todo el universo, que desempeñan importante parte en el progreso del Cosmos. Jesús era puro Espíritu encarnado en forma humana, con todos los poderes divinos, aunque por supuesto *subordinado en expresión* al Absoluto, al Supremo Espíritu, al Padre, y verdaderamente consustancial con el Padre. Así dijo: «El Padre y yo somos uno».

Cuando niño su mente juvenil no era capaz de comprender su naturaleza espiritual, pero una vez crecido y disciplinado por los años el humano instrumento, se percató de su divinidad.

Pero ni un Dios, como él era podía aliviar al mundo del peso kármico por *actuación externa*. Con arreglo a las leyes cósmicas establecidas por el Absoluto, la redención del mundo sólo podía llevarse a cabo desde el *interior del círculo de la vida terrena*. Y así vio Jesús que para redimir al hombre debía hacerse hombre, es decir, que para aliviar el karma de la humanidad debía compartirlo y colocarse en el círculo de su influencia. *Y así lo hizo.*

Difícilmente se comprende lo que este sacrificio significa. Un puro Espíritu, un alma libre, tan henchida de amor a los hombres, que renuncia deliberadamente a la completa exención de toda existencia mortal y por su libérrima voluntad se sujeta a los dolores, aflicciones, penas y miserias consiguientes al karma del linaje humano. Fue un sacrificio mil veces mayor que el que sería el de un hombre de mucho adelanto espiritual y mental. Emerson, por ejemplo, que deseoso de favorecer el desenvolvimiento de las lombrices de tierra, se colocara deliberadamente en el alma grupal de estos anélidos y, tomando su forma, se esforzara en alentarlos con su influencia hasta lograr que el alma grupal llegase al nivel humano. Si consideramos esta comparación, tendremos una ligera idea de la magnitud del sacrificio de Jesús.

Cuando en el desierto resolvióse finalmente Jesús a la renunciación y el sacrificio, entró en el círculo del karma humano y quedó sujeto a los dolores, penas, tentaciones, miseria y limitaciones de los hombres. Sin embargo, conservó su divino poder, aunque ya no era un Dios externo a la vida del mundo, sino un Dios aprisionado que actuaba en el seno mismo de la humanidad y se valía de su formidable poder, pero sujeto a la ley kármica. Quedó abierto a las influencias de que antes había estado inmune. Por ejemplo, cuando lo tentó el deseo de logro personal, incitándole a buscar fama y gloria terrenas, le acometió la tentación porque había asumido el karma del mundo sujetándose a sus leyes. Como Dios no podía asaltarle la tentación, como tampoco puede tentar al hombre un gusano; pero como hombre estaba sujeto a los ambiciosos deseos que conturban y endemonian a los hombres. Con arreglo a la ley, según la que es la tentación de medro personal tanto mayor cuanto más adelantada está la mente, que entonces ve mucho más claras las oportunidades, fue sometido Jesús a una prueba irresistible para el hombre ordinario.

Sabía Jesús perfectamente bien que suyo era el poder de manifestar las cosas que la tentación le prometía, y así hubo de rechazar la que le colocaba al frente del linaje humano como Rey del Mundo. Se le mostró esta perspectiva para que la comparase con la también mostrada de la escena del Calvario, y sintió en su más alto grado, aunque no consintió, el humano deseo de grandeza y prosperidad material. Imaginémonos a Jesús como hombre deseando la suma de deseos personales de la humanidad entera y que sólo él podía alcanzar, e imaginemos, también, la lucha necesaria para resistir y vencer tan formidable tentación. Consideremos lo que el hombre ordinario ha de luchar para vencer el deseo de medro personal, y entonces comprenderemos cómo hubo de luchar el Maestro contra todos los deseos egoístas de la humanidad que pugnaban por hallar expresión y manifestación en él. Verdaderamente le abrumaba el enorme peso de los pecados del mundo. Sin embargo, sabía que estaba sujeto a esta aflicción por compartir la vida humana. Y la afrontó como el Hombre de los hombres. Tan sólo con la mente fija y firme en su verdadero ser, en el Espíritu que alentaba en su alma, sin atender a ninguna otra cosa, fue capaz de pelear la batalla y conseguir la victoria. Al ver la Verdad vio también la locura e ilusión de cuanto el mundo podía ofrecerle, y con su potente voluntad rechazó al Tentador mandándole que se apartara de allí y saliera de su mente. Con el pleno conocimiento de su Espíritu, de su verdadero Ser, sabía que era capaz de rechazar al Tentador, diciendo: «No tentarás al Señor tu Dios». Se mantenía firme en el reconocimiento de su interna divinidad, del Espíritu que moraba en su interior y en el de todos los hombres, y así negaba el poder de las cosas terrenas, la ilusión de la muerte y el maya de la raza humana.

Pero no sólo ésta y otras flaquezas de la mortal naturaleza del hombre acosaban al Maestro desde que había asumido el karma del mundo. También estaba voluntariamente sujeto a la mortalidad del humano cuerpo en que había encarnado. Debía vivir, sufrir y morir como los demás hombres, con arreglo a la ley de mortalidad del humano cuerpo en que se había encarnado. Y así prosiguió su camino adelante con pleno conocimiento de su destino. Un Dios, cual era él, había asumido todos los atributos todos de la mortalidad para ser capaz de llevar a cabo su obra como Redentor y Salvador del género humano.

Así vivió, sufrió y murió como todos nosotros. Bebió hasta las heces el cáliz de la amargura, y sufrió como sólo su exquisita naturaleza mental podía sufrir. Sin embargo, la pobre humanidad se figura que los sufrimientos de Jesús acabaron al exhalar el último suspiro en la cruz, cuando entonces no hicieron más que empezar.

Porque se ha de saber que Jesús el Cristo todavía vive en la raza humana y con ella sufre y pena día por día y hora por hora, y así ha de permanecer en el seno de la humanidad hasta que toda alma humana, aun la del hombre más vil y degradado, quede limpia de toda mancha kármica y por lo tanto «redimida» y «salvada». En el interior de todo hombre está el espíritu de Cristo, que se esfuerza en realzar al individuo al conocimiento de su verdadero ser. Esto es lo que realmente significan la «redención» y la «salvación». No es la salvación de un fuego infernal, sino la salvación del fuego de la sensualidad y de la muerte. No es la redención de imaginarios pecados sino la redención de la inmundicia y el lado de la vida terrena. Nuestro interno Dios está simbolizado en la leyenda hinduista del dios Indra, que se infundió en el cuerpo de un cerdo y después olvidóse de su divina naturaleza.

Para conducirnos al reconocimiento de que somos dioses y no cerdos, el Maestro Jesús actúa espiritualmente en nuestra alma como principio de Cristo. ¿No habéis oído alguna vez el grito de su voz que clama desde el fondo del alma: «Sal de tu puerca naturaleza inferior y reconoce tu esencial divinidad»? Este reconocimiento y manifestación del dios interno es la «salvación» y la «redención».

Las enseñanzas ocultas nos dicen que cuando finalmente desapareció Jesús de la vista de sus discípulos, ascendió a los planos superiores, donde rápidamente se desprendió de los cuerpos astral, mental y de cuantos había usado el alma para su manifestación, excepto el más sutil, pues si hubiera desechado todo vestigio de individual existencia de su alma, inmediatamente se sumergiría en el único Espíritu, en el Absoluto, del que procedía, y la entidad Jesús hubiese desaparecido en el océano del único Espíritu. *Pero renunció voluntariamente a este supremo estado hasta la consumación de los siglos, a fin de terminar su obra de Salvador del mundo.*

Retuvo su más sutil vehículo, la mente espiritual en el superior matiz de expresión, para trabajar individualmente en bien de la humanidad. Y así existe todavía, consustancial con el Padre, aunque en apariencia como entidad separada.

Pero conviene advertir que ya no existe el *Jesús hijo de José y María*, pues desapareció su personalidad al desechar los vehículos inferiores y sólo subsistió su *individualidad*, su verdadero ser, el Principio Crístico.

Significamos con esto que cuando un alma alcanza el supremo estado espiritual cerca de la absoluta identificación con el Espíritu Único, ya no es una *personalidad* sino que existe como un principio; pero este principio no es una fuerza mecánica e inanimada sino un vívido y conscientemente actuante principio de vida. Esta oculta verdad no puede explicarse en lenguaje humano, porque no hay palabras adecuadas a la explicación. Tan sólo indirectamente cabe dar alguna idea de dicha verdad.

Jesús existe hoy día como Cristo que positivamente vive y actúa, pero no está limitado a cuerpo alguno, dando a esta palabra «cuerpo» su ordinaria acepción. El Cristo está entremezclado con la vida de la humanidad, inmanente en todo ser humano que ha existido, existe y existirá mientras el hombre sea hombre. No sólo reside en quienes han vivido y vivirán desde que dejó su cuerpo físico, sino en todos cuantos vivieron antes de que viniese al mundo. Se comprenderá esta aparente paradoja al recordar que las almas no »mueren«, sino que tan sólo «pasan» al plano astral, de donde reencarnan oportunamente. También pasó Cristo al plano astral y allí reside a la par que en el plano físico, porque doquiera estén las almas de los hombres, allí está Cristo trabajando perpetuamente por la redención y la salvación de la raza.

En el plano astral influye en las mentes de las almas que allí residen y las exhorta a que desechen las escorias de los deseos terrenales y enfoquen su atención en las cosas del espíritu, a fin de que se reencarnen en más favorables condiciones. En el plano físico también influye en la mente y en el corazón de los hombres para que pongan su atención en lo alto. Su propósito es siempre lograr la liberación del espíritu de las ligaduras materiales, el reconocimiento del verdadero ser. Así vive Cristo en el corazón de los hombres y diariamente sufre y en la cruz se sacrifica, y así seguirá sufriendo y crucificándose hasta salvar y redimir al último hombre.

Este admirable sacrificio de Cristo excede al físico sacrificio de Jesús el hombre. No es posible imaginar ni aun la más leve angustia de ser tan excelso que voluntariamente vive en los corazones y en las mentes de los hombres, tan sumido como nosotros en la materia, conocedor de la posibilidad que toda alma tiene de alcanzar las cosas superiores, y sin embargo ve constantemente con indecible sufrimiento que los hombres sólo piensan y obran arrastrados por las incitaciones de su naturaleza inferior. ¿No supone esto una refinada tortura? ¿No resulta la agonía de la cruz insignificante sufrimiento en comparación de esta horrible agonía espiritual? Se indigna el cristianismo frente a la crueldad de los judíos que crucificaron al Salvador, y sin embargo diariamente lo crucifica con mil veces mayor tortura por su persistencia en las locales sensualidades de pensamiento y acción.

El poderoso adelanto moral del mundo desde la muerte de Jesús, aunque el presente no es más que débil presagio del futuro, tiene por causa principal la enérgica influencia de Cristo en la mente y el corazón de los hombres. El sentimiento de la paternidad de Dios y la fraternidad humana es cada día más intenso en el mundo de los hombres y nos ofrece ejemplo de la actuación de Cristo, el Salvador y Redentor del género humano.

Los más sublimes sueños de las almas exaltadas de la actual generación sólo son imperfectas visiones de lo que a la humanidad le reserva el porvenir. La obra de Cristo está todavía echando brotes, pero la flor y el fruto convertirán la tierra en un lugar mucho más glorioso que el cielo imaginado por los creyentes en pasados siglos. Pero aun estas bendiciones futuras palidecen en comparación con la vida que aguarda a la humanidad en los planos superiores cuando se haya mostrado merecedora de gozarla.

Y perpetuamente trabaja y sufre y se angustia Cristo en sus esfuerzos por realzar a la humanidad, aunque sea en corto grado, en la espiritual escala de la existencia.

Siempre está Cristo con nosotros y si reconociéramos su presencia seríamos capaces de escuchar la férvida y amorosa respuesta que da a nuestra hambre y sed espiritual para saciarla y satisfacerla. En nuestro interior mora el Cristo, que siempre responde al clamor de Fe: «Cree en Mí y serás salvo». ¡Qué promesa tan hermosa cuando se comprende su significado! ¡Cuán abundoso manantial de fortaleza y consuelo se alumbra en el alma humana que comprende la Verdad subyacente en las enseñanzas! El cristianismo místico brinda el Mensaje de Verdad a cuantos lean estas líneas. ¿Quién lo aceptará?

Confrontemos ahora las enseñanzas del cristianismo místico sobre Cristo el Salvador con las correspondientes de la ordinaria teología ortodoxa.

Por una parte vemos que Jesús, el Dios-Hombre, escoge deliberadamente la misión de ser el Salvador y Redentor del mundo, y desciende al círculo del karma terrenal, renunciando al privilegio de su divinidad y asumiendo las penalidades del género humano, no sólo para sobrellevar los sufrimientos corporales sino también para clavarse durante siglos y siglos en la Cruz de la Humanidad, de modo que su espiritual presencia elevara al hombre a las cumbres de su esencial divinidad.

Por otra parte tenemos la descripción de un Dios colérico, con pasiones y temperamento puramente humanos, deseoso de vengarse de la humanidad que él mismo había creado, condenándola al fuego eterno del infierno. Pero después, el mismo Dios engendra un Hijo y lo envía al mundo para que muera en la cruz y sea la víctima expiatoria, como divino Cordero cuya sangre aplaque la cólera divina y lave los pecados del mundo.

Comparando ambas enseñanzas, ¿no se echa de ver al punto cuál es la genuina?

La primera dimana de la pura fuente del conocimiento espiritual. La segunda brotó de la estrecha mente de teólogos ignorantes que, incapaces de comprender las místicas enseñanzas, forjaron un sistema teológico adecuado a la cortedad de sus alcances, y crearon un Dios que no era más que el reflejo de su cruel naturaleza animal que exigía, lo mismo que ellos, sangre, tormento y muerte, para aplacar una indivinísima cólera y venganza.

¿Cuál de ambas enseñanzas está más acorde con los instintivos vislumbres de nuestro verdadero Yo? ¿Cuál de ambas merece la aprobación del Cristo interno?

El Credo Cristiano

La Iglesia cristiana reconoce tres credos: el de los Apóstoles, el de Nicea y el de Atanasio. De los tres se usan comúnmente los dos primeros, pues el tercero no es tan conocido y se usa raramente.

El Credo de los Apóstoles, el más usado, parece que tal como ahora se reza es posterior al de Nicea, y muchas autoridades opinan que es una corrupción de la original profesión de fe de los primeros cristianos.

El Credo de los Apóstoles dice así:

«Creo en Dios, Padre Todopoderoso, creador del cielo y de la tierra. Y en Jesucristo, su único Hijo, nuestro Señor, que fue concebido por obra y gracia del Espíritu Santo y nació de la Virgen María, padeció bajo el poder de Poncio Pilatos, fue crucificado, muerto y sepultado, descendió a los infiernos y al tercer día resucitó de entre los muertos, subió a los cielos y está sentado a la diestra de Dios, Padre Todopoderoso. Desde allí ha de venir a juzgar a los vivos y a los muertos. Creo en el Espíritu Santo, en la Santa Iglesia católica, en el perdón de los pecados, en la resurrección de la carne y en la vida eterna.»

El Credo de Nicea se llama así porque fue formulado y adoptado en el Concilio de aquella ciudad el año 325. Tal como se aprobó entonces, concluía con las palabras: «Creo en el Espíritu Santo». Las restantes del final se añadieron en el Concilio de Constantinopla el año 381, menos la frase: «y el Hijo» que incluyó el Concilio de Toledo el año 589.

Dice así:

«Creo en un solo Dios, Padre Todopoderoso, creador del cielo y de la tierra y de todas las cosas visibles e invisibles. Y en el Señor Jesucristo, unigénito Hijo de Dios, engendrado por su Padre antes de todos los mundos, Dios de Dios, Luz de Luz, verdadero Dios de Dios verdadero, engendrado, no hecho, consustancial con el Padre, por quien todas las cosas fueron hechas; que por nosotros los hombres y para nuestra salvación, bajó del cielo y encarnó por el Espíritu Santo de la Virgen María, y se hizo hombre; y también por nosotros fue crucificado bajo el poder de Poncio Pilatos. Padeció y fue sepultado, y al tercero día resucitó según las Escrituras; ascendió a los cielos y está sentado a la diestra de Dios Padre. Y volverá con gloria a juzgar a los vivos y a los muertos, y su reino no tendrá fin. Creo en el Espíritu Santo, el Señor y Dador de Vida que procede del Padre y del Hijo, que con el Padre y el Hijo es adorado y glorificado, y habló por los profetas. Creo en una sola iglesia, santa, católica y apostólica. Creo en un solo bautismo para la remisión de los pecados, espero la resurrección de los muertos y la vida del mundo futuro.»

Examinemos brevemente a la luz del cristianismo místico las principales afirmaciones de estos credos compilados siglos después de la muerte de Jesús.

«Creo en un solo Dios Padre Omnipotente. Creador del cielo y de la tierra y de todas las cosas visibles e invisibles.» (Credo de Nicea)

Este fundamental principio de la fe cristiana lo expone el Credo de Nicea algo más extensamente que el de los Apóstoles. No necesita comentario. Es la afirmación en la creencia de una Potestad creadora de quien todas las cosas proceden. No intenta el Credo de Nicea «explicar» la naturaleza de lo Absoluto ni le dota de ninguno de los humanos atributos que los teólogos le colgaron. Se reduce a afirmar la creencia en un Ser supremo, que es cuanto le cabe creer al hombre. Todo lo demás es ignorante impertinencia.

«Y en Jesucristo, su único Hijo, nuestro Señor, que fue concebido por obra y gracia del Espíritu Santo.» (Credo de los Apóstoles)

«Y en el Señor Jesucristo, unigénito Hijo de Dios, engendrado por su Padre, antes de todos los mundos, Dios de Dios, Luz de Luz, verdadero Dios de Dios verdadero, engendrado, no hecho, consustancial con el Padre.» (Credo de Nicea)

En este pasaje se consigna la creencia en la divinidad de Jesucristo. El Credo de los Apóstoles expone el concepto en muy cruda declaración, con tendencia a la tergiversada de que la Virgen concibió por obra del Espíritu Santo, análogamente al origen de los dioses heroicos de las diferentes religiones, cuyo padre era un dios y la madre una mujer humana. Pero el Credo de Nicea insinúa vigorosamente el concepto mantenido por las enseñanzas místicas, pues dice que Jesucristo fue «engendrado, no hecho». Las expresiones «Dios de Dios», «Luz de Luz», «verdadero Dios de Dios verdadero» demuestran la idéntica sustancia del Espíritu, corroborada después por la notabilísima expresión: «Consustancial con el Padre», que denota una admirable comprensión del misterio de Cristo. Porque como afirman las místicas enseñanzas, Jesús era un puro Espíritu, libre de los atenazadores deseos y adhesivo karma del mundo. Era de sustancia idéntica a la del Padre, y así dijo: «El Padre y yo somos una misma cosa». ¿Hay en la teología ortodoxa algo que esclarezca este punto como lo esclarecen las enseñanzas del cristianismo místico sobre la naturaleza del alma de Jesús? Lo habría si se ajustara al Evangelio de San Juan.

«*Nació de la Virgen María.*» (Credo de los Apóstoles)

Que por nosotros los hombres y para nuestra salvación bajó del cielo y encarnó por el Espíritu Santo de la Virgen María y se hizo hombre.» (Credo de Nicea)

El Credo de Nicea nos da aquí una sorprendentemente clara afirmación de las místicas enseñanzas. «Que por nosotros los hombres y por nuestra salvación bajó del cielo» denota que tomó la forma física del cuerpo infantil en la matriz. ¿No esclarecen las enseñanzas místicas esta afirmación del Credo?

«Fue crucificado, muerto y sepultado, descendió a los infiernos y al tercero día resucitó de entre los muertos.» (Credo de los Apóstoles)

«Padeció y fue sepultado, y al tercero día resucitó según las Escrituras) ascendió a los cielos y está sentado a la diestra de Dios Padre.» (Credo de Nicea)

El descenso a los infiernos del Credo de los Apóstoles significa el tránsito al subplano inferior del mundo astral. Los teólogos ortodoxos reconocen que los «infiernos» a que descendió Cristo no son el lugar de tormentos eternos presidido por el Diablo, que inventó la teología para amedrentar a los fieles. «Al tercero día resucitó de entre los muertos» y su correspondiente pasaje en el Credo de Nicea se refieren a la aparición de Jesús en cuerpo astral, cuando volvió del mundo astral en el que había estado los tres días siguientes a su crucifixión. «Ascendió a los cielos» demuestra la creencia en que volvió al lugar de donde había venido, porque el Credo de Nicea dice que «bajó del cielo y encarnó y se hizo hombre».

Ambos credos afirman la creencia de que «está sentado a la diestra del Padre», lo cual significa que tomó el lugar de supremo honor en el reino del Padre. Las enseñanzas místicas explican este pasaje, diciendo que Cristo sólo está separado del Padre por una tenuísima sustancia espiritual, y así es el Principio cósmico que sigue en importancia al Padre. Verdaderamente este es el lugar de honor «a la diestra del Padre».

«Vendrá a juzgar a los vivos y a los muertos.»

En este pasaje vemos la insinuación de que no sólo está Cristo relacionado con los vivos sino también con los muertos, es decir, con los que «murieron» o pasaron al plano astral antes y después de la misión de él en la tierra. Lo comprendieran o no así los redactores del Credo y estuvieran o no alucinados por la tradición del «Día del Juicio», seguramente los cristianos primitivos o los más místicos de entre ellos comprendían las enseñanzas según las hemos expuesto y consideraban a Cristo «viviente en los muertos lo mismo que en los vivos», como declaran los anales ocultos. «La comunión de los Santos» significa la espiritual comprensión de los misterios por los iluminados. «El perdón de los pecados» es el vencimiento de toda concupiscencia. «La resurrección de los muertos y la vida del mundo futuro» es la promesa de vida más allá de la tumba, y no la grosera idea de la resurrección del cuerpo físico que se introdujo en el Credo de los Apóstoles, y que evidentemente fue una posterior interpolación en apoyo de la mezquina teoría de una escuela teológica. Conviene observar que el credo niceno dice «de los muertos» y no del «cuerpo» ni de la «carne».

La versión de las enseñanzas ocultas dice en su correspondiente pasaje: «Y conocemos la *verdad de la inmortalidad del alma*». (cursiva del autor)

Lección X

La Doctrina Secreta

«Creo en el Espíritu Santo.» (Credo de los Apóstoles)

«Creo en el Espíritu Santo, el Señor y Dador de vida.» (Credo de Nicea)

Para la generalidad de los cristianos, la naturaleza del Espíritu Santo, la tercera Persona de la Trinidad, es muy oscura y no la comprenden. El cuidadoso examen de los escritos cristianos ortodoxos demuestra que la Iglesia está muy ofuscada en este punto, que debiera ser importantísimo para los sacerdotes y congregaciones. Si le preguntamos a un clérigo de vulgar entendimiento cuál es la naturaleza del Espíritu Santo, veremos cuán vagos, contradictorios y deficientes son los conceptos que mantiene. Si consultamos las enciclopedias y libros de referencia, notaremos que muy poco saben y dicen sobre tan importante asunto.

Únicamente lo esclarecen las enseñanzas del cristianismo místico, pues son explícitas sobre este punto atestado de dificultades e incomprensión por parte de los teólogos ortodoxos.

Las enseñanzas del cristianismo místico acerca del Espíritu Santo pueden compendiarse en la siguiente declaración: *El Espíritu Santo es lo Absoluto en su fase de manifestación, comparado con su fase de inmanifestación. Es el Ser manifiesto comparado con el inmanifiesto. El Dios creado en comparación con el increado Dios. Es Dios operante como activo Principio, en comparación con Dios el absoluto Ser.*

Conviene la repetida y atenta lectura de esta declaración, antes de seguir adelante en el estudio de esta lección.

Para comprenderla bien es necesario tener en cuenta que podemos considerar al Absoluto en *dos fases;* no como dos personas, entidades o seres sino como dos fases. No hay más que un Ser ni puede haber más que un Ser absoluto; pero podemos considerarlo en dos fases o dos aspectos: el inmanifestado y el manifestado.

El Inmanifestado es el Único en su fase de Absoluto Ser, indiferenciado, inmanifestado, increado sin atributos ni cualidades ni naturalezas.

La mente humana es incapaz de concebir el Ser Inmanifestado como una cosa, como algo, porque si así lo concibiéramos dejaría de ser el ser Absoluto e Inmanifestado. Siempre que pensáramos en «algo» sería este algo una manifestación en la objetiva existencia.

Pero la razón nos obliga a admitir la existencia del Absoluto e Inmanifestado Ser, porque el relativo y manifiesto universo así como la vida *deben haber* procedido y emanado de una Realidad fundamental, absoluta e inmanifestada. Y esta Realidad absoluta cuya existencia nos obliga la razón a admitir es Dios Padre, incognoscible por medio de los sentidos, pero cuya existencia nos da a conocer la razón pura o la intuición de nuestro espíritu interno. Materialmente hablando, «Dios es incognoscible» pero en alto sentido puede *conocer* y probar su existencia el espíritu humano por el ejercicio de las facultades superiores de la mente.

El Ser Inmanifestado es el Único en su *propia* existencia y esencia. Si todo el mundo de objetiva vida manifestada, aun en sus formas superiores, quedara substraído de la manifestación, ¿qué restaría? Únicamente el Ser Inmanifestado. Únicamente Dios Padre, en cuyo ser quedaría absorbido el universo. *Nada* habría *fuera* de él. Sería Él por sí mismo, el Único en su fase de inmanifestación.

Desde luego que esta idea puede parecer demasiado abstrusa a primera lectura, como si fuese la afirmación de un Ser que es el No-Ser; pero conviene no apresurarse y esperar a que la mente asimile el concepto, pues entonces reconocerá cada cual que dicho concepto se armoniza con la correspondiente verdad oculta en lo íntimo de su conciencia, y comprenderá a Dios Padre comparado con Dios Espíritu Santo, quien, según dijimos, es el Absoluto en su fase de Ser Manifestado. Es Dios manifiesto en toda vida objetiva y en todos los fenómenos del universo.

En *Lecciones de filosofía* yogui dijimos que hay un Espíritu de Vida inmanente y manifiesto en todas las formas de vida. También dijimos que en el universo todo está vivo, hasta los minerales y los átomos componentes de la materia. Expusimos que, como el Espíritu de Vida es la fuente de toda manifestación en el universo y la causa eficiente de todos los fenómenos de la faena, la materia y la vida, se sigue lógicamente que no puede haber nada muerto en el mundo, que en todo objeto está manifiesta la vida y sólo varía en el grado de manifestación. En nuestro *Curso avanzado de filosofía yogui* y en el *Gñani Yoga* tratamos extensamente de este asunto.

Por lo tanto, ¿qué es este Espíritu de Vida? Si Dios lo es Todo, no puede ser el Espíritu de Vida otra cosa que Dios. Absoluto, Increado e Inmanifiesto. Pues entonces, ¿qué es? Forzosamente, el Ser Manifestado, Dios Creador, el Espíritu Santo. Tal es la enseñanza oculta relativa a este gran misterio del cristianismo, y vemos cómo quienes formularon el Credo de Nicea tuvieron en cuenta las tradiciones de la Iglesia primitiva al decir: «Creo en el Espíritu Santo, *el Señor y Dador de Vida*».

La verdad referente a la inmanencia de Dios subyace en las místicas enseñanzas de todos los pueblos, razas y épocas. Sea cual sea el nombre que se les dé y la religión que las contenga, enseñan que Dios está inmanente en todas las formas de materia y en todas las modalidades de vida y energía. Esta verdad constituye la doctrina secreta de toda filosofía, credo y religión. Las enseñanzas externas y exotéricas se reducen por lo general a la instrucción de las ineducadas mentes del pueblo y encubren la genuina verdad con el concepto de un Dios personal, de dioses y semidioses que moran en un lejanísimo reino celeste, o de un Ser que creó el universo y después de crearlo dejó que marchara por sí solo, sin prestarle atención más que en ocasiones, y reservándolo para premiar a quienes le prestan homenaje, le adoran y ofrecen sacrificios, y castigar a quienes no cumplen con estas exigencias. Creen las gentes que cada deidad personal favorece al pueblo que levanta templos en su honor y en cambio odia a los enemigos de tal pueblo.

Pero la doctrina secreta o enseñanza esotérica de todas las religiones repudia tan primitivo concepto de incultas mentes y expone la verdad del Dios inmanente, de la Energía inherente en todas las manifestaciones de vida. El cristianismo no está exceptuado de esta regla, pues afirma un principio esotérico en la declaración de su creencia en el Espíritu Santo.

Aunque la actual tendencia de las iglesias ortodoxas es decir muy poca cosa del Espíritu Santo, porque no saben explicar su significado, el cristianismo místico declara abiertamente su conformidad con este principio de las primitivas enseñanzas y con toda reverencia repite las palabras del Credo de Nicea: «Creo en el Espíritu Santo, *el Señor y Dador de Vida*».

La mayoría de los que se llaman cristianos ignoran que también en el cristianismo hay una doctrina secreta, conocida siempre de los místicos de dentro y de fuera de la Iglesia, cuya llama mantuvieron y mantienen viva unas cuantas devotas almas escogidas para esta sagrada labor.

La doctrina secreta del cristianismo no tuvo su origen en Jesús, quien por su parte también fue iniciado en los Misterios que se enseñaban desde muchos siglos antes de su nacimiento. Así dice san Agustín: «Lo que llamamos la religión cristiana existió entre los antiguos y *nunca cesó de existir* desde el principio de la raza humana hasta que Cristo tomó carne, cuando la verdadera religión ya existente se empezó a llamar cristianismo».

Transcribimos unos cuantos párrafos de un conocido escritor sobre temas religiosos, con cuyos puntos de vista en este particular estamos conformes, aunque discrepemos en otros particulares. Dice así:

«Cabe afirmar sencillamente que ya no se enseñan estas doctrinas en las iglesias. ¿Cómo es esto? Porque el cristianismo ha olvidado gran parte de sus originarias enseñanzas y se satisface hoy con la parte restante, que es muy corta con relación a lo que primitivamente conoció. Se dirá que el cristianismo tiene todavía las mismas Escrituras. Es cierto; pero estas Escrituras enseñan algo que está hoy olvidado. ¿Qué significan las constantes referencias a los Misterios del reino de Dios (Jesús solía declarar a sus discípulos que sólo a ellos les era dado conocerlos y que a los demás les había de hablar en parábolas)? ¿Por qué emplea siempre Jesús los términos técnicamente peculiares de las enseñanzas esotéricas de la antigüedad? ¿Qué quería significar san Pablo al decir: "Hablamos sabiduría entre los perfectos", palabra esta ultima aplicada a los que habían alcanzado cierto grado de iniciación? Repetidamente emplea san Pablo términos igualmente técnicos, pues habla de la "sabiduría de Dios en misterio, la que Dios ordenó antes del principio del mundo y que no conocen los príncipes de este mundo". Desde luego que no hubiera sido verdadera esta afirmación de Pablo si únicamente se refiriese a las esotéricas enseñanzas del cristianismo que abiertamente predicaban a todas las gentes. Los inmediatos sucesores de san Pablo, los Padres de la Iglesia, sabían perfectamente bien lo que significaban las afirmaciones de su predecesor, pues todos ellos usan precisamente la misma fraseología. San Clemente de Alejandría, uno de los primeros y más insignes, nos dice que "no es lícito revelar a los profanos, los Misterios del Verbo".»

Otra consideración nos demuestra claramente lo mucho que se ha olvidado de las primitivas enseñanzas. La Iglesia sólo procura hoy que las gentes sean piadosas y señala la *santidad* como la meta y corona de su propósito. Pero en los primeros tiempos requería mucho más, pues cuando un hombre alcanzaba la santidad, es decir cuando ya era perfecto, entonces lo consideraba capaz de recibir las enseñanzas que hoy día no puede dar porque ha olvidado el antiguo conocimiento. La Iglesia primitiva señalaba tres etapas disciplinarias: purificación, perfección e iluminación. Hoy día se satisface con la purificación y a lo sumo con la perfección o santidad, porque no tiene iluminación que dar.

Dice Clemente de Alejandría: «La pureza es tan sólo un estado negativo, principalmente valioso como requisito de la intuición. El purificado por el bautismo e iniciado después en los Misterios menores, en los que adquirió los hábitos de reflexión y dominio propio, está ya maduro para los Misterios mayores, para la Gnosis o científico conocimiento de Dios». En otro lugar añade: «El conocimiento es algo más que la fe. La fe es el sumario conocimiento de apremiantes verdades, a propósito para las gentes ocupadas en los negocios del mundo; pero el conocimiento es la fe científica».

Orígenes, discípulo de san Clemente de Alejandría, habla de la fe popular e irracional que conduce a lo que él llama cristianismo material, basado en el relato evangélico en oposición al cristianismo espiritual contenido por la Gnosis de Sabiduría. Al tratar de las enseñanzas fundadas en los relatos históricos exclama Orígenes: «¿ Qué mejor método podía trazarse para auxiliar a las masas?». Mas para los prudentes y discretos señala siempre las enseñanzas superiores, que sólo se comunican a quienes han demostrado ser dignos de recibirlas. Estas enseñanzas no se han perdido. La Iglesia las desechó al expulsar a los insignes doctores gnósticos; pero se han conservado a pesar de todo, y precisamente estamos ahora estudiando esta Sabiduría que para nosotros soluciona todos los problemas de la vida, nos traza una racional norma de conducta y nos sirve de verdadero evangelio de buenas nuevas recibidas de lo alto.

San Pablo indica la existencia de la doctrina secreta, al decirles a los corintios: «De manera que yo, hermanos, no puedo hablaros como a espirituales, sino como a carnales, como a niños de Cristo. Os di a beber leche, y no vianda, porque aún no erais capaces, ni sois capaces todavía, porque aún sois carnales». (1 Corintios 3, 1-3)

Jesús dijo: «No deis lo santo a los perros, ni echéis vuestras perlas delante de los cerdos, porque sea que las pisoteen, y se vuelvan y os despedacen». (Mateo 7, 6)

Sobre estas palabras de Jesús, escribe san Clemente de Alejandría: «Aun ahora temo, según se dijo "echar perlas a los puercos, porque no las pisoteen, y se vuelvan y os despedacen". Porque difícil es exponer las realmente puras y transparentes palabras relativas a la verdadera Luz, ante brutales e incultos oyentes».

En el siglo I de la era cristiana, los instructores cristianos empleaban frecuentemente la denominación de «Misterios de Jesús» y los círculos esotéricos de los cristianos se consideraban como una congregación de almas lo bastante adelantadas para entender dichos misterios.

Interesantes sobre el particular son los siguientes pasajes:

«Cuando estuvo solo, los que estaban cerca de él con los doce le preguntaron sobre la parábola. Y les dijo: A vosotros os es dado saber el misterio del reino de Dios; mas a los que están fuera, por parábolas todas las cosas; para que viendo, vean y no perciban; y oyendo, oigan y no entiendan.» (Marcos 4, 10-12)

«Con muchas tales parábolas como éstas les hablaba la palabra, conforme a lo que podían oír. Y sin parábolas no les hablaba; aunque a sus discípulos en particular les declaraba todo.» (Marcos 4, 33-34)

«Aún tengo muchas cosas que deciros, pero ahora no las podéis sobrellevar.» (Juan 16, 12)

Las enseñanzas ocultas afirman que, cuando después de la crucifixión volvió Jesús en cuerpo astral, instruyó a sus discípulos en muchas importantes verdades místicas, según se infiere del siguiente pasaje: «a quienes también (a los discípulos), después de haber padecido, se presento vivo con muchas pruebas indubitables, apareciéndoseles por cuarenta días y *hablándoles acerca del reino de Dios»*. (Hechos 1, 3)

Saben muy bien los versados en historia eclesiástica que los Padres de la Iglesia hablaron y escribieron explícitamente de los Misterios cristianos. Policarpo, obispo de Esmirna, escribe a unos fieles diciéndoles que espera que «estén bien versados en las Sagradas Escrituras y que nada les quede oculto, pues por lo que a mí toca no se me ha concedido todavía este privilegio». (Epístola de Policarpo, capítulo VII)

Ignacio, obispo de Antioquía, dice: «No soy todavía perfecto en Cristo, porque ahora empiezo a ser discípulo y te hablo como condiscípulo».

También se dirige a ellos como «iniciado en los misterios del evangelio con san Pablo, el Santo, el martirizado». Y en otro pasaje: «¿No podría escribiros cosas más llenas de misterio? Pero temo hacerlo por no lastimaros, puesto que aún sois niños. Perdonadme en este particular, pues os aplastaría el peso de lo que os dijera, por no ser capaces de soportarlo. Porque tampoco soy yo todavía perfecto ni un discípulo como lo fueron Pablo y Pedro, aunque soy capaz de comprender las cosas celestiales, los órdenes angélicos, las diferentes clases de ángeles y huestes, la distinción entre potestades y dominaciones, entre tronos y autoridades, el poderío de los eones, la preeminencia de los querubines y serafines, la sublimidad del Espíritu, el reino del Señor, y sobre todo la incomparable majestad de Dios omnipotente».

También habla Ignacio del sumo sacerdote o hierofante, de quien afirma que «era el encargado del santo de los santos y el único a quien se le habían confiado los secretos de Dios». (Epístola de San Ignacio)

San Clemente de Alejandría fue un místico de alto grado en los círculos esotéricos de la Iglesia. Sus escritos rebosan de alusiones a los Misterios cristianos. Dice, entre otras cosas, que sus escritos son una miscelánea de notas gnósticas de acuerdo con la filosofía de la época. Había recibido Clemente estas enseñanzas de Pontaemo, su instructor espiritual. Dice de estas enseñanzas:

«El Señor nos permitió comunicar aquellos divinos Misterios y aquella santa luz a los capaces de recibirlos. Ciertamente no descubrió a los muchos lo que no pertenecía a los muchos, sino que lo descubrió a los pocos, a quienes sabía que pertenecía por ser capaces de recibirlo y amoldar a ello su conducta. Pero las cosas secretas se han de confiar a la palabra hablada y no a la escrita, según hace Dios. Y si alguien adujera aquel pasaje que dice: "Nada hay secreto que no sea revelado ni oculto que no se descubra", le diremos que a quien secretamente oye se le manifestará lo secreto, según predijo dicho oráculo. Y a quien sea capaz de observar secretamente lo que se le confíe, se le descubrirá la velada verdad, y lo oculto a los muchos será manifiesto a los pocos. Los misterios se revelan místicamente, de modo que lo dicho por el revelador esté más bien que en su voz en su entendimiento. Los escritos de estas memorandas mías, bien sé que son flacos en comparación de aquel espíritu lleno de gracia a quien tuvo el privilegio de escuchar. Pero serán una imagen que le recuerde el arquetipo al que recibió el toque del tirso.[4] No intentamos explicar abiertamente las cosas, lejos de ello, sino tan sólo refrescarles la memoria por si hemos olvidado algo o con el propósito de no olvidarlo, pues bien sé que con el correr del tiempo se me escaparon muchas cosas de la pluma. Algunas cosas hay que no recuerdo, porque muy grande era el poder de los benditos instructores.

»También hay cosas que olvidé por no anotarlas, y otras que se desvanecieron de la mente, pues el retenerlas no es fácil tarea para los no experimentados. Todas estas cosas redivivo en mis comentarios y otras omito de propósito después de prudente selección, temeroso de escribir lo que no confié a la palabra, no por aversión, pues fuera injusto, sino para que mis lectores no tropezaran al tomarlas en tergiversado sentido, y como dice el proverbio "pusiéramos una espada en manos de un niño". Porque si bien lo escrito permanece, no le dice a quien lo lee más allá de lo que está escrito, pues necesita el lector que otro le guíe en la interpretación de la escritura. Algo insinúa mi tratado; en algo se detendrá y algo se limitará a mencionar. Procurará hablar imperceptiblemente, exponer secretamente y demostrar calladamente.» *(Stromata)*

En la misma obra de que entresacamos los precedentes pasajes tiene san Clemente un capítulo titulado: «Los Misterios de la Fe no se han de divulgar a todo el mundo», en él afirma que, como sus escritos han de darse a la publicidad, a los necios y a los sabios, «se requiere encubrir en misterio la sabiduría hablada en la que enseñó el Hijo de Dios». Y añade: «Porque difícil es exponer las realmente puras y transparentes palabras a los brutales e incultos oyentes. Porque nada parecerá tan ridículo a las multitudes ni tan admirable a los de noble carácter. Pero los prudentes no divulgan con sus labios lo que razonan en sus consejos; y dice el Señor lo que oís proclamadlo por las casas, exhortándoles a que reciban las *secretas tradiciones del verdadero* conocimiento y exponerlas en voz alta y abiertamente a quien corresponda, pero *no a todos sin distinción,* lo que se les dice en parábolas. Pero en mis comentarios la verdad está sembrada a voleo, a fin de que no la perciban quienes picotean las semillas como los grajos; pero cuando encuentran un buen labrador, las semillas germinan y producen trigo.

»Los todavía ciegos y sordos que no han comprendido la verdad ni tuvieron la aguda visión de las almas contemplativas han de permanecer extraños al divino coro. Por lo tanto, de conformidad con el método de sigilo, a la verídica Palabra Sagrada, verdaderamente divina y de lo más necesaria para nosotros, depositada en el sagrario de verdad, la designaron los egipcios con el nombre de *adyta* y los hebreos con el de "velo", a donde sólo tenían acceso los consagrados. Porque Platón también opinaba que no tenía derecho "el impuro de tocar lo puro". De aquí que las profecías y oráculos se expusieran en enigmas a las gentes ineducadas e incultas. Por lo tanto, no conviene declarar indiscretamente todas las cosas a las gentes, ni se han de comunicar los beneficios de la sabiduría a quienes ni aun en sueños, tienen purificada el alma, pues no es lícito entregar a cualquier advenedizo lo que costó tanto trabajo de adquirir. Los Misterios de la Palabra no son para revelarlos a los profanos. Se instituyeron los Misterios para recibir el beneficio de la santa y bendita contemplación de la realidad. Por otra parte, hubo Misterios ocultos hasta el tiempo de los apóstoles, quienes los comunicaron tal como los recibieron del Señor, y encubiertos en el Antiguo Testamento fueron manifestados a los santos. Por otra parte, tenemos la abundosa gloria de los misterios de los gentiles, la cual es fe y esperanza en Cristo. A la instrucción que revela cosas ocultas se le llama iluminación, pues únicamente el instructor destapa el "arca"». *(Stromata)*

Asimismo cita y aprueba san Clemente este pasaje de Platón: «Debemos hablar enigmáticamente, de modo que si la tableta se pierde no la entienda quien la encuentre y lea». Acerca de algunos escritos gnósticos dice: «Basta con que lo dicho satisfaga a quien tiene oídos, porque no es necesario explicar el misterio, sino indicar tan sólo lo necesario para que sepan de qué se trata los partícipes del conocimiento».

Hemos citado copiosamente a san Clemente de Alejandría para demostrar qué varón tan conspicuo de la primitiva Iglesia reconoció y efectivamente enseñó la doctrina secreta del cristianismo místico, y que la primitiva Iglesia cristiana era un organismo con un centro místico para unos pocos y la externa comunidad para la multitud. ¿Puede caber duda alguna sobre ello después de leído lo escrito por su pluma?

Pero no sólo escribió y enseñó así san Clemente, sino que otras autoridades de la primitiva Iglesia cristiana manifestaron igualmente su conocimiento y aprobación de las enseñanzas esotéricas. Por ejemplo, Orígenes, discípulo de san Clemente y hombre de multilateral influencia en los primeros tiempos de la Iglesia, defendió al cristianismo de los ataques de Celso, quien inculpaba a la Iglesia de ser una sociedad secreta que enseñaba su doctrina tan sólo a unos cuantos mientras que alucinaba a las gentes con patrañas. Replicó Orígenes diciendo que si bien era cierto que la Iglesia tenía enseñanzas esotéricas no reveladas a la generalidad de las gentes, seguía con ello el ejemplo de todos los instructores de la Verdad, quienes siempre reservaban el aspecto esotérico de sus enseñanzas y daban a la masa popular el aspecto exotérico.

Escribe Orígenes sobre este asunto:

«El Misterio de la Resurrección es objeto de ridículo entre los incrédulos porque no lo comprenden. En estas circunstancias es completamente absurdo decir que la doctrina cristiana es un *sistema secreto.* Pero que haya ciertas doctrinas desconocidas de la multitud, que se enseñen después de las exotéricas, no es cosa peculiar del cristianismo, sino común a los sistemas filosóficos en que unas verdades son esotéricas. Algunos discípulos de Pitágoras se contentaban con lo que dijera el maestro, mientras que a otros se les instruía secretamente en las doctrinas inadecuadas a oídos incultos y profanos. Además, todos los Misterios celebrados en Grecia y países extranjeros, aunque eran secretos, no fueron desacreditados, y así es en vano que calumnie la doctrina secreta del cristianismo quien no comprende exactamente su índole.

»No he hablado todavía de la observancia de todo cuanto está escrito en los evangelios, cada uno de los cuales contiene mucha doctrina difícil de comprender no sólo por el vulgo sino aun por algunos de los más inteligentes, incluyendo en la dificultad la profunda explicación de las parábolas con que Jesús hablaba a "los de fuera", mientras que reservaba la explicación de su completo significado a quienes ya habían trascendido las enseñanzas exotéricas y entraban con Jesús en la casa. Cuando Celso llegue a comprender esto, verá la razón de que de unos se diga que están "fuera" y de otros que "en la casa".» *(Contra Celso)*

En la misma obra considera Orígenes el relato evangélico de la mujer cananea (Mateo 15, 22) y dice sobre el particular:

«De las palabras de Jesús se infiere también que hay verdades que sólo se han de dar razonablemente a los hijos; pero otras son como migajas de la mesa de los selectos, que aprovechan algunas almas como los perros.»

En otro pasaje:

«Aquel cuya alma ha estado largo tiempo limpia de pecado, especialmente desde que se entregó a la salutífera Palabra, puede escuchar las *doctrinas que Jesús enseñó en privado a sus genuinos discípulos.*»

Y también:

«Pero sobre estos asuntos cabe decir mucho de índole mística en concordancia con lo de que conviene mantenerse junto al secreto de un rey, a fin de que *la doctrina de la entrada de las almas en los cuerpos* no se divulgue entre los indoctos ni se dé lo santo a los perros ni se echen perlas a los cerdos. Porque semejante procedimiento fuera impío y equivalente a traicionar la misteriosa declaración de la sabiduría de Dios. Sin embargo, basta representar en estilo de narración histórica lo que conviene encubrir para que los capaces de ello infieran todo lo referente a tales asuntos.»

Añade Orígenes en la misma obra:

«Si leemos los libros escritos después del tiempo de Jesús veremos que aquellas multitudes de creyentes que oían las parábolas eran, por decirlo así, «los de fuera» merecedores tan sólo de la doctrina exotérica, mientras que los discípulos aprendían en privado la explicación de las parábolas. *Porque Jesús privadamente explicó a sus discípulos todas las cosas, y estimaba mucho más que a las multitudes a quienes deseaban conocer su sabiduría.*

»Y a los que en él creían prometió enviarles sabios y escribas.»

En su obra *De los principios,* dice Orígenes:

«Las Escrituras no sólo tienen el significado que aparece a primera vista, sino otro que no echan de ver la generalidad de las gentes, porque está encubierto en forma de misterios y de imágenes de las cosas divinas, respecto de lo que es común opinión de la Iglesia que la ley es verdaderamente espiritual, pero que *no todos comprenden el significado espiritual que la ley entraña* sino tan sólo lo comprenden quienes reciban la gracia del Espíritu Santo en palabras de conocimiento y sabiduría.»

Pudiéramos llenar página tras página con vívidas transcripciones de los escritos de los primeros Padres de la Iglesia y sus sucesores en demostración de las enseñanzas esotéricas; pero bastan las citadas para esclarecer este punto, porque proceden de indubitable autoridad.

Deplorable calamidad cuyes efectos todavía sufre la Iglesia fue que se apartara de estas esotéricas enseñanzas.

Dice Eliphas Lévi en su obra *Historia de la Magia:*

«Gran desgracia cayó sobre el cristianismo. Los falsos gnósticos traicionaron los Misterios (pues los verdaderos gnósticos, *los que conocían* fueron los iniciados del primitivo cristianismo) y motivaron que la Iglesia repudiase la gnosis y desdeñara las supremas verdades de la cábala que contiene todos los secretos de la teología trascendental...

»Si el silencio absoluto, si la pura razón volviera a ser patrimonio de los caudillos del pueblo; si el arte sacerdotal y el regio arte empuñaran de nuevo el doble cetro de las antiguas iniciaciones, saldría una vez más el mundo de su caos. No queméis las imágenes ni derroquéis los templos, porque imágenes y templos necesitan las gentes; pero arrojad a los simoniacos de la casa de oración; que los ciegos no guíen por más tiempo a los ciegos; restaurad las jerarquías de talento y santidad, y reconoced por instructores tan sólo a quienes sepan y crean.»

Ahora bien, ¿qué se enseñaba en los Misterios cristianos?, ¿qué son las enseñanzas esotéricas?, ¿cuál es la doctrina secreta? Sencillamente, la filosofía oculta y el místico saber comunicados a los elegidos en toda época, según expusimos en nuestra obra *Lecciones de filosofía yogui;* y además, *la especial enseñanza referente a la naturaleza, misión y sacrificio de Jesús el Cristo, según hemos procurado explicar en estas lecciones.* La Verdad es la misma en cualquiera forma en que se enseñe. Si la despojamos del especial color con que el instructor la tiñe, quedará siempre la misma VERDAD.

Lección XI

La sabiduría antigua

La doctrina de la reencarnación está profundamente arraigada en las internas o esotéricas enseñanzas de todas las religiones, incluso la cristiana, cuyos misterios comprendían la reencarnación lo mismo que las demás verdades ocultas, enseñadas en los círculos esotéricos de la iglesia primitiva.

Esencialmente la doctrina del renacimiento es la única que está en pleno acuerdo con el cristiano concepto de la equidad y la justicia final.

Un autor ha dicho acertadamente sobre el particular:

«La doctrina de la reencarnación desvanece muchas y muy graves dificultades. Para quien mire en su alrededor y vea la tristeza y sufrimientos del mundo y la horrible desigualdad de los hombres, no sólo en cuanto a la riqueza material sino en las oportunidades de adelanto, es imposible armonizar estos hechos con el amor y la justicia de Dios, a menos que acepte la hipótesis de que esta vida terrena no es la única, sino un sólo día de la verdadera vida del alma, y que cada alma está en el lugar más apropiado para aprender las lecciones necesarias a su evolución. Es con seguridad la única doctrina que capacita al hombre para creer racionalmente en la justicia divina sin cerrar los ojos a la evidencia de los hechos. Es una doctrina digna de estudio.

»La moderna teología trata principalmente de un plan llamado de "salvación", que depende en absoluto de lo que dice que cree. Esta hipótesis de la "salvación", como si hubiese algo de que "salvarse", está fundada en la viciosa interpretación de algunos textos de la Escritura. Pero nosotros no creemos en la llamada cólera divina, pues nos parece horrenda blasfemia achacar a Dios los humanos vicios de cólera y crueldad. Nosotros sostenemos la doctrina de la evolución y el final perfeccionamiento de todo ser humano. Afirmamos que el progreso del hombre no depende de lo que cree sino de lo que hace. En la Biblia hay muchos pasajes que así lo atestiguan. Dice san Pablo: "No os engañéis, Dios no puede ser burlado: que todo lo que el hombre sembrase, eso también segará". Y dijo Cristo: "Y los que *hicieron el bien* resucitarán", no dijo que debían creer en determinada doctrina. Y cuando describe el día del juicio no trata de lo que cada cual ha creído, sino de lo que hubiere hecho.»

Por otra parte, el archidiácono Colley, rector de Stockton, en el condado inglés de Warwick, dice sobre el mismo asunto:

«Movido a la exploración del reino de lo oculto y trascendental por la saducea tendencia de mi juventud, he tenido durante medio siglo experiencias en que pocos podrán igualarme y ninguno excederme; pero todavía no me atrevo a dar definidas conclusiones. Por lo tanto, suspendo mi juicio, pues no me inclino a dogmatizar en nada, y con mente abierta y equilibrado pensamiento, deseoso de recibir la luz de todos los focos sin rechazar nada que pueda servir a la justicia, me pregunto por qué unos mueren de viejos y otros apenas nacidos o en el mismo momento de nacer; por qué unos nacen ricos y otros pobres; por qué unos malgastan sus riquezas en devaneos y vicios pasionales, mientras la meritoria pobreza se esfuerza sin auxilio de nadie en su mejoramiento. Unos nacen con talento y otros idiotas. Unos con alma de santos y otros con propensiones criminales.

»La ley de herencia puede influir muchísimo en que los pecados de los padres recaigan sobre los hijos hasta la tercera y cuarta generación, pero no me explica el misterio de que a veces de un padre bueno salga un hijo malo y de otro muy sabio uno completamente estúpido.

»Tengo en mis anotaciones de los textos sagrados algunos pasajes que con otros de los Padres de la primitiva Iglesia parecen ser supervivencias de la antigua idea clásica de la reencarnación.

»El profeta Jeremías escribe: "Vino, pues, palabra de Jehová a mí, diciendo: 'Antes que te formase en el vientre te conocí, y antes que nacieses te santifiqué, te di por profeta a las naciones'". (Jeremías 1, 4-5)

»¿Significa esto que creó de propósito el ego del que destinaba para su siervo y antes de revestirlo de carne mortal le instruyó en los planos superiores acerca de la parte que había de desempeñar en la manifestación de la divina voluntad?

»Cuando el fundador de nuestra religión encontró en el Templo al enfermo a quien poco antes había sanado después de treinta y ocho años de enfermedad, le dijo: "Mira, has sido sanado; no peques más, para que no te venga alguna cosa peor". (Juan 5, 14)

»Si el castigo era proporcional al pecado ¿había cometido aquel hombre alguno tan horrendo en su niñez que requiriera los cerca de cuarenta años de enfermedad y aun todavía más si reincidiese en el pecado?

»En otra ocasión vio Jesús un ciego de nacimiento, y sus discípulos le preguntaron: "Rabí, ¿quién pecó, éste o sus padres para que naciese ciego?". Pero yo pregunto: ¿Pecó *antes* de nacer para sufrir el castigo de la ceguera?

»El profeta Malaquías dice: "He aquí, yo os envío a Elías el profeta, antes que venga el día del Señor, grande y terrible". ¿Era Juan el Bautista la reencarnación del profeta Elías? Jesús dijo que efectivamente *era* Juan el Bautista aquel Elías que había de venir, y que los judíos no le conocieron, antes hicieron con él todo lo que quisieron, pues Herodes lo mandó degollar». (Mateo 11, 14; 17, 12)

»Según los textos de la Biblia y las Concordancias de Cruden, resulta que el profeta Elías y Juan el Bautista son una misma entidad. El versículo octavo del primer capítulo del segundo libro de los Reyes, y el cuarto del tercer capítulo del Evangelio de San Mateo, denotan evidentes analogías en las características personales de Elías el profeta y Juan el Bautista, pues de Elías dice el texto que era: "un varón y ceñía sus lomos con un cinto de cuero", y de Juan el Bautista que "tenía un vestido de pelos de camellos y una cinta de cuero alrededor de sus lomos".

»Juan el Bautista vivía en el desierto. Elías permaneció cuarenta días y cuarenta noches en el monte Horeb, el monte de Dios, en el desierto de Sinaí. Juan el Bautista bautizaba en el desierto al otro lado del Jordán. La vida de ambos, voluntariamente apartados del bullicio de las gentes, se mantuvo de análogo modo, pues a Elías le dijo el Señor: "He mandado a los cuervos que te den de comer"; y la comida del Bautista eran langostas y miel silvestre.

»Dijo Jesús de Juan el Bautista: "Y si queréis recibir, él es aquel Elías que había de venir".

»Orígenes, uno de los más eruditos Padres de la Iglesia, que floreció en el siglo II, dice que el citado texto denota la preexistencia de Juan el Bautista en la personalidad de Elías, antes de su decretada existencia como el precursor de Cristo.

»Añade Orígenes acerca del texto bíblico: "Amé a Jacob odié a Esaú (Malaquías 1, 2-3). Que si nuestra suerte no estuviera señalada por nuestras obras anteriores a la vida presente ¿cómo no fuera impropio e injusto por parte de Dios que el hermano mayor sirviera al menor y que Dios lo odiara (a pesar de haber sido bendecido por Isaac, el justo hijo de Abraham), sin que Esaú hubiese hecho nada para merecer tal servidumbre y concitarse el odio del Todopoderoso?"

»Asimismo echa de ver Orígenes nuestra preexistencia antes de la formación del mundo en el texto de san Pablo: "Bendito de Dios y Padre de nuestro Señor Jesucristo, que nos bendijo con toda bendición espiritual en lugares celestiales en Cristo, según nos escogió en él antes de la fundación del mundo" (Efesios 1, 3-4).

»San Jerónimo, en coincidencia con Orígenes, habla de nuestro descanso en planos superiores donde las criaturas racionales moran antes de descender a este bajo mundo, antes de trasladarse de la invisible vida en las espirituales esferas a la visible vida terrena; y enseña la necesidad de tener otra vez cuerpos materiales antes de que, como santos y hombres "tan perfectos como perfecto es nuestro Padre en el cielo", gocen una vez más en el mundo angélico su *anterior* bienaventuranza.

»San Justino Mártir habla también del alma que habita más de una vez en el cuerpo humano; pero opina que por regla general (como en el caso de Juan el Bautista, que olvidó que había sido Elías) no se nos permite el recuerdo en esta vida de nuestras pretéritas experiencias, aunque de nuevo estamos aquí desterrados como extranjeros y peregrinos en un inadecuado clima lejos de nuestra patria celestial.

»San Clemente de Alejandría y otros Padres aluden a la reencarnación al recordar la vital verdad enseñada por nuestro Señor al decir: *"Os es necesario nacer de nuevo"*.»

Este sermón, pronunciado por una tan conspicua dignidad de la Iglesia de Inglaterra, debe llamar la atención de cuantos ardientemente busquen la verdad de la doctrina cristiana. Si un clérigo así, educado en semejante ambiente, pudo verse capaz de alegar tan elocuente testimonio en pro de una verdad usualmente considerada extraña a su aceptado credo, ¿qué no cabe esperar de una Iglesia que, una vez libre de las estrechas trabas formalistas de la ortodoxia, puede considerar, aprender y enseñar tan notables doctrinas originalmente mantenidas y enseñadas por los primeros Padres de la Iglesia de Cristo?

Aunque la mayoría de los cristianos modernos impugnen acremente la idea de que la verdad de la reencarnación formó siempre parte de la doctrina, y prefieran considerarla como una enseñanza «paganizada», es innegable que los escrupulosos exégetas libres de prejuicios hallarán en los escritos de los Padres de la Iglesia cristiana irrefutables pruebas de que la verdad de la reencarnación se creía y enseñaba en los círculos esotéricos de la primitiva Iglesia.

La doctrina de la reencarnación formó incuestionablemente parte de los misterios cristianos, pero fue cayendo en relativa oscuridad a medida que se debilitaba la espiritualidad de la Iglesia, hasta que hoy día ya no se atreven a mantenerla los teólogos vulgares, quienes tildan de bárbara y pagana aquella parte de las enseñanzas originariamente comunicadas por los primitivos Padres de la Iglesia.

Los primeros cristianos estaban algún tanto divididos respecto a los pormenores de la reencarnación. Creían unos que el alma humana era eterna y procedía del Padre, y que había muchos grados y clases de almas, algunas de las cuales no han encarnado nunca en cuerpos humanos sino que viven en varios planos de existencia desconocidos de nosotros, y transitan de plano en plano y de mundo en mundo. En cambio otras almas quisieron tener la experiencia de la vida en el mundo terreno, y están pasando por todas las etapas de la vida física con sus penas y tristezas, sujetas a la ley de la reencarnación hasta que completen sus experiencias y salgan entonces del círculo de influencia del mundo físico y recobren su prístina libertad.

Otros cristianos sostenían de conformidad con la enseñanza oculta, que el alma evolucionaba gradualmente por repetidas encarnaciones en la tierra, pasando de lo inferior a lo superior, según expusimos en nuestras lecciones acerca del Gñani Yoga.

La diversidad de ambas enseñanzas deriva de los diferentes conceptos de los instructores, pues algunos estaban influidos por las ocultas enseñanzas judías que mantenían la primera de las dos doctrinas a que hemos aludido, mientras que la segunda era la enseñada por los místicos griegos y los ocultistas indios. Cada cual interpretaba las enseñanzas esotéricas a la luz de su precedente filiación. Así es que algunos de los primitivos escritos cristianos hablan de «preexistencia», mientras que otros aluden explícitamente al «renacimiento», pero el principio fundamental es el mismo, y hasta cierto punto ambos criterios eran acertados, según saben bien los ocultistas de grado superior. Dicho principio fundamental es que del Padre emana un *espíritu* que se sume en limitadas envolturas materiales, y entonces se le llama alma, que pierde temporalmente su prístina pureza y va pasando por sucesivas encarnaciones para adquirir en cada una de ellas las necesarias experiencias que la muevan a evolucionar de lo inferior a lo superior en los mundos de probación, hasta que recibidas todas las experiencias de la vida recobre su primitivo estado de puro espíritu.

Los Padres de la Iglesia cristiana sostuvieron acerba controversia con los filósofos griegos y romanos acerca del concepto sostenido por alguno de estos últimos respecto a la transmigración del alma humana en el cuerpo de algún animal. Los Padres de la Iglesia impugnaron enérgicamente esta errónea enseñanza y en sus argumentos expusieron vigorosamente la distinción entre la enseñanza esotérica del renacimiento y la tergiversada en el error de la transmigración. Esta controversia motivó que se repudiaran inflexiblemente las enseñanzas de las escuelas de Pitágoras y Platón, que sostenían la tergiversada doctrina de que un alma humana podía degenerar en el estado de animal.

Entre otros pasajes citados por Orígenes y san Jerónimo en prueba de la preexistencia del alma, figura el de la profecía de Jeremías, que dice: «Antes de que salieses de la matriz te santifiqué, te di por profeta a las gentes» (Jeremías 1, 5). Sostienen los primitivos escritores que este pasaje corrobora su parecer sobre la preexistencia del alma y la posesión de ciertas características y cualidades adquiridas en vidas anteriores, pues argayen que sería injusticia que antes de su nacimiento fuese dotado un hombre de cualidades morales que únicamente pueden ser en justicia el resultado de las buenas obras y rectitud de conducta. También se apoyan en la profecía de Malaquías (4-5) sobre la vuelta a la tierra del profeta Elías, así como en el pasaje del libro no canónico de La Sabiduría de Salomón, que dice: «Yo era ingenioso niño que tenía buen espíritu, y tomé un cuerpo puro».

Por otra parte, aluden dichos autores cristianos al libro del historiador Josefo titulado *Historia antigua de los judíos,* en que se lee el siguiente pasaje: «Dicen que todas las almas son incorruptibles; pero las de los buenos pasan a otros cuerpos, y las de los malos quedan sujetas a castigo eterno».

Durante la guerra de los judíos contra los romanos, en el sitio de la fortaleza de Jatapota, buscó Josefo abrigo en una cueva donde estaban algunos soldados discutiendo si se suicidarían para no caer prisioneros de los romanos, y Josefo les dijo:

«¿No recordáis que todos los espíritus puros que obedecen a la divina ley viven en la serenidad de los lugares celestes y con el tiempo van a habitar cuerpos sin mácula; pero que las almas que han suicidado sus cuerpos están condenadas a una tenebrosa región del mundo inferior?»

Algunos autores modernos sostienen que este pasaje demuestra que Josefo aceptaba por su parte la doctrina de la reencarnación, como también demuestra que debía de ser familiar a los soldados judíos.

Parece que no cabe duda respecto de la familiaridad del pueblo judío de aquel tiempo con las generales enseñanzas de la reencarnación. Filo afirma positivamente que esta doctrina formaba parte de las enseñanzas de la escuela judía alejandrina; y además, la pregunta que le dirigieron a Jesús sobre «el pecado del ciego de nacimiento» denota cuán familiarizado estaba el pueblo con dicha enseñanza en general.

Así es que Jesús no necesitó recalcar su doctrina en este punto frente al vulgo, sino que la reservó para las instrucciones esotéricas a sus escogidos discípulos respecto de los pormenores del renacimiento. Pero el mismo asunto está mencionado en varios pasajes del Nuevo Testamento, según vamos a ver.

Jesús afirmó positivamente que Juan el Bautista era «Elías», cuya vuelta había profetizado Malaquías (4, 5). Dos veces lo afirmó explícitamente, a saber: «Y si queréis recibirlo, él es aquel Elías que había de venir» (Mateo 11, 14). Y en otro pasaje: «Mas os digo que Elías ya vino, y no le conocieron, antes hicieron con él todo lo que quisieron... Entonces los discípulos comprendieron que les había hablado de Juan el Bautista» (Mateo 17, 12-13). Los místicos exponen que Jesús vio claramente que Juan era la reencarnación de Elías, aunque Juan lo había negado a causa de no recordar su pasada encarnación. Jesús el Maestro vio claramente lo que Juan el Precursor no había percibido respecto de sí mismo. Las evidencias características de Elías reproducidas en Juan el Bautista corroboraron la doble afirmación positiva del Maestro de que Juan el Bautista era Elías reencarnado.

Esta autoridad es suficiente para que los cristianos acepten que la doctrina de la reencarnación formó parte de las enseñanzas de la Iglesia. Pero todavía los teólogos ortodoxos arguyen que Jesús quiso decir *otra cosa*. No hay peor ciego que el que no quiere ver.

Otro notable ejemplo de que Jesús y sus discípulos reconocían la doctrina de la reencarnación nos lo ofrece el caso del ciego de nacimiento. Conviene transcribir el relato:

«Al pasar Jesús, vio a un hombre ciego de nacimiento. Y le preguntaron, diciéndole: "Rabí, ¿quién pecó, éste o sus padres para que haya nacido ciego?". Respondió Jesús: "No es que pecó éste, ni sus padres".» (Juan 9: 1-3)

Seguramente que no cabe error sobre el significado de la pregunta «¿Quién pecó, éste o sus padres?», porque ¿cómo podía pecar un hombre antes de nacer a menos que hubiese vivido en una pasada encarnación? Y la respuesta de Jesús afirma sencillamente que aquel hombre no nació ciego por pecados de pasada vida ni por los de sus padres sino por una tercera causa. Si la idea de la reencarnación hubiese sido contraria a las enseñanzas, ¿no la hubiera condenado Jesús ante sus discípulos? La circunstancia de que los discípulos le hicieran aquella pregunta ¿no demuestra que tenían la costumbre de tratar con él los problemas de la reencarnación y el karma y recibir instrucciones y respuestas a las preguntas sobre el particular?

Varios otros pasajes del Nuevo Testamento probarían que los discípulos de Jesús conocían la doctrina de la reencarnación; pero preferimos considerar los escritos de los Padres de la Iglesia para demostrar lo que creían y enseñaban respecto de la reencarnación y el karma.

Orígenes descuella como luminoso faro entre los autores y autoridades de la primitiva Iglesia cristiana. De él dice un notable escritor:

«En los escritos de Orígenes tenemos copiosa información respecto a las enseñanzas de los primitivos cristianos. Tenía Orígenes un espléndido y grandioso concepto del conjunto de la evolución de nuestro sistema, que expondré brevemente. Enseñaba que todos los espíritus emanaban de Dios, dotados de libre albedrío; que algunos espíritus no quisieron desviarse del recto sendero y en recompensa fueron ángeles, mientras que otros se apartaron del sendero de la rectitud, y cayeron en la raza humana para recobrar mediante recta y noble conducta la angélica condición que no habían sido capaces de alcanzar. Además, otros espíritus hubo que en uso de su libre albedrío se sumieron todavía más hondamente en el mal y fueron los demonios o espíritus malignos. Así es que todos estos espíritus eran originariamente buenos, pero por inocencia, no por conocimiento. También expone Orígenes que los hombres pueden llegar a ser ángeles, y que aun los demonios pueden evolucionar y convertirse en hombres y revestirse después a su prístina condición angélica. Recordemos que una de las doctrinas de Orígenes, condenadas posteriormente por los teólogos, fue la hermosísima de que la redención y la rehabilitación son posibles aun para el peor de los hombres, y que no puede haber una eternidad de mal en un universo dimanante de la Bondad eterna, y que ha de volver de donde procedió.»

En su magna obra *De los principios*, afirma Orígenes que tan sólo Dios es fundamentalmente bueno por virtud de su esencial naturaleza. Dios el único, el absolutamente perfecto Bien. Al considerar los inferiores grados de Bondad, vemos que son derivaciones adquiridas en vez de ser esencialmente fundamentadas. Dice Orígenes que Dios concede el libre albedrío por igual a todos los espíritus, y que si no lo usan en recta dirección, caen en estados inferiores, más o menos rápidamente, y cada cual es el causante de su propia caída. Añade que Juan el Bautista recibió en la matriz de su madre la santificante influencia del Espíritu Santo en algunos hombres no por su merecimiento ni por justicia sino por especial gracia, diciendo que no se compagina este error con la declaración explícita de que Dios no hace acepción de personas ni puede obrar injustamente, como obraría si pusiera a las almas en existencia al mismo tiempo que los cuerpos. Después, declara Orígenes su creencia en la reencarnación arguyendo que Juan había merecido el divino favor por razón de su recta conducta en una vida anterior.

Considera luego Orígenes la importante cuestión de la aparente injusticia que denotan las desigualdades entre los hombres, y dice:

«Unos son extranjeros y otros griegos; y de los extranjeros unos son salvajes y feroces y otros de apacible condición; los hay que viven sujetos a leyes más o menos justas, mientras que otros se rigen por costumbre de índole inhumana. Algunos nacen esclavos y quedan sujetos al dominio de sus dueños, príncipes o tiranos. Quienes nacen sanos y quienes nacen enfermos de cuerpo. Unos con defectos en la vista, en la palabra, en el porte, o privados de sus sentidos. Pero ¿a qué enumerar todos los horrores de la miseria humana? ¿Por qué ha de ser esto así?»

Impugna Orígenes la opinión de algunos pensadores de su tiempo, quienes sostenían que las desigualdades observadas entre los hombres dimanaban de la diferencia de cualidades de las almas y de su diverso modo de ejercer el libre albedrío. Contra esta opinión argaye Orígenes, diciendo que el libre albedrío no puede ejercerse antes del nacimiento, pues nadie escoge de su libre voluntad las condiciones en que nace, y si un alma de maligna naturaleza ha de nacer en una malvada nación y un alma de buena naturaleza en una nación virtuosa, será por accidente o casualidad de su diferencia, por lo que entonces no puede creerse en la providencia y justicia de Dios.

Añade Orígenes: «Consideró Dios justo ordenar sus criaturas según el mérito de cada una y por ello puso en el mundo vasos de oro, plata, madera y barro, de honor y deshonor, para que según sus méritos los ocuparan las almas cuyo nacimiento ya no es así casual sino que la condición de cada individuo es el resultado de sus acciones».

Considera después el caso de Esaú y Jacob, que algunos toman por ejemplo del injusto y cruel criterio que Dios sigue con sus criaturas. Orígenes rebate el tema, diciendo que hubiera sido injusto en Dios amar a Jacob y odiar a Esaú antes de que ambos nacieran, y que la única interpretación verdadera de este caso es que a Jacob se le recompensó su buena conducta en pasadas vidas, mientras que a Esaú se le castigó por sus malas acciones en pretéritas existencias sobre la tierra.

No solamente Orígenes sustenta esta opinión, sino también san Jerónimo, quien dice en su *Epístola a Avito:* «Si examinamos el caso de Esaú, hallaremos que fue condenado a causa de sus antiguos pecados en un peor curso de vida».

Dice Orígenes: «Vemos que no es injusto que aun en la matriz suplantara Jacob a su hermano si consideramos que Dios lo amaba por los merecimientos contraídos en una vida anterior, de modo que merecía ser preferido a su hermano».

Y continúa: «Esto debe aplicarse al caso de otros seres humanos, porque según antes dijimos, en todo debe aparecer la justicia de Dios».

Y también: «La desigualdad de circunstancias requiere la justicia de una recompensa según los merecimientos».

Annie Besant, de quien tomamos algunas de estas citas, dice con respecto a dicha opinión de Orígenes:

«Así vemos que esta doctrina defiende la justicia de Dios. Si es posible crear un alma buena, entonces resulta imposible para el Dios de justicia y amor crear un alma mala. No cabe semejante cosa, ni tiene justificación, y desde el momento en que reconocemos que hay criminales natos, no queda otra alternativa que la blasfema idea de que un perfecto, amoroso Dios cree un alma malvada y después la condene por ser lo que él la hizo, o bien que las almas van evolucionando hasta alcanzar la final bienaventuranza, y si en una vida nace un ser humano con malvados instintos es porque obró mal y ha de cosechar en aflicción los resultados del mal a fin de que aprenda las lecciones de la sabiduría y se convierta al bien.»

También considera Orígenes el caso de Faraón, de quien la Biblia dice que «Dios le endureció el corazón», y declara que si Dios endureció el corazón de Faraón, fue para que experimentara más pronto los efectos del mal y en su futura encarnación aprovechara su amarga experiencia.

Dice sobre el particular:

«A veces no da buenos resultados que un enfermo se cure demasiado pronto, especialmente si la enfermedad estaba oculta en el interior del cuerpo y ha brotado violentamente. Debe entenderse que el alma no progresó de súbito sino de un modo lento y gradual, pues el proceso de perfeccionamiento del individuo se opera imperceptiblemente durante larguísimos siglos y algunos adelantan más que otros, quienes necesitan mucho más tiempo para alcanzar la perfección.

»Los que salen de este mundo por las puertas de la muerte a que todos estamos sujetos, reciben el destino conforme a sus acciones, yendo algunos al lugar llamado infierno y otros al seno de Abraham y a diversas localidades o mansiones. Pero también desde estos lugares, como si en ello murieran, si vale decirlo así, bajan del "mundo superior" a este "infierno" de la tierra, pues el "infierno" a que desde este mundo van las almas condenadas es, según creo, el "bajo infierno". Los que vienen a la tierra están sujetos según sus méritos o deméritos a nacer en determinado país o en determinadas condiciones de vida, afligidos por diversas enfermedades, o descienden de padres religiosos e irreligiosos, de modo que un israelita puede después nacer de padres escitas y un egipcio volver a este mundo en Judea». *(Contra Celso)*

Después de leída esta cita, ¿cabe dudar de que la doctrina de la reencarnación y del karma fue mantenida y enseñada como verdadera por los Padres de la Iglesia cristiana? ¿No será ciego quien no vea arraigada en el seno de la primitiva Iglesia la doctrina gemela de la reencarnación y el karma? Entonces, ¿por qué persistir en repudiarla como cosa importada de la India, Egipto o Persia para perturbar la pacífica modorra de la actual Iglesia cristiana? La doctrina gemela de la reencarnación y el karma ha de volver a su hogar como parte de la original doctrina esotérica después de un largo destierro de la casa de su niñez.

La doctrina de la reencarnación y el karma fue declarada ilegítima por ciertas influencias eclesiásticas en el siglo VI. El segundo concilio de Constantinopla, celebrado en 553, la condenó por herética y desde aquel tiempo la iglesia oficial la miró con mal ceño y la persiguió con la cárcel, la espada y la hoguera. Sin embargo, durante muchos años mantuvieron encendida su luz los albigenses que dieron centenares de mártires inmolados a la tiranía de las autoridades eclesiásticas, porque persistían en su fe en las enseñanzas esotéricas de la Iglesia sobre la reencarnación y el karma.

Aunque eclipsada por la nube de superstición que planeó sobre Europa en la Edad Media, ha sobrevivido la Verdad, y tras muchos intentos de reavivar su llama, ha logrado por fin en este glorioso siglo XX difundir su luz y calor por el mundo, restituyendo al cristianismo los primigenios conceptos de aquellos preclaros entendimientos de la primitiva Iglesia. Una vez dueña de sí misma, la Verdad seguirá adelante, barriendo de su camino las mezquinas objeciones y obstáculos que detuvieron cautivos sus pasos durante tantos siglos.

Terminemos esta lección con aquellos inspirados versos de Woodsworth cuya alma percibió la Verdad a pesar de las convencionales restricciones de su época y país:

«Nuestro nacimiento no es más que un sueño y un olvido. El alma que al nacer el cuerpo tiene su aurora, la estrella de nuestra vida, tuvo en alguna parte su ocaso, y viene de lejos. No con entero olvido ni en completa desnudez venimos, sino arrastrando nubes de gloria desde Dios, que es nuestra patria.»

Lección XII

El mensaje del Maestro

En casi todas las enseñanzas de Jesús se encuentra el místico mensaje referente a la existencia del Espíritu en el interior del alma humana, de aquel Algo interno al que recurrimos en nuestros dolores y aflicciones, del Guía y Amonestador siempre dispuesto a aconsejarnos, advertirnos y dirigirnos si escuchamos atentamente su Voz.

«Buscad primero el reino de Dios y su justicia y lo demás se os dará por añadidura». Y como explicación de ello: «El reino de los cielos está en vosotros». Tal el místico Mensaje que nos da la clave de los misterios de las internas enseñanzas.

Transcribimos algunas sentencias de Jesús, con propósito de interpretarlas de conformidad con dichas enseñanzas. Pero antes debiera leer el estudiante con suma atención la lección XIV de *Lecciones de filosofía yogui,* en donde están expuestas con detalle las enseñanzas con sus verdades fundamentales, pues así comprenderá más fácilmente lo que vamos a tratar. También en nuestras obras tituladas *Curso avanzado de filosofía yogui* y *Gñani Yoga* están expuestas las fases superiores de las enseñanzas; pero aunque no aludamos en dichas obras al cristianismo, son tan fundamentales las enseñanzas que quienquiera que las conozca comprenderá la doctrina secreta del cristianismo.

No hay en realidad más que una filosofía oculta que echamos de ver por doquiera, y una vez percibida la Verdad comprendemos que es la llave maestra que abre las puertas de acero de las enseñanzas esotéricas de todas y cada una de las religiones y filosofías. Los yoguis resolvieron hace siglos el enigma del universo y los más intensos esfuerzos del entendimiento humano desde entonces no han hecho más que corroborar, confirmar y ejemplarizar la original Verdad proclamada por aquellos venerables sabios.

Consideremos las palabras de Jesús a la luz de la antigua sabiduría. Examinemos el Sermón de la Montaña, tal como aparece en el Evangelio de San Mateo:

«Bienaventurados los pobres de espíritu, porque de ellos es el reino de los cielos.» (Mateo 5, 3)

Con estas palabras enseña Jesús la oculta enseñanza de que, quien renuncie a las vanaglorias y mezquinas ambiciones de este mundo, estará en camino de reconocer su verdadero Yo, su Algo interior, el Espíritu. Porque, ¿no está escrito que el reino de los Cielos está en nuestro interior?

«Bienaventurados los que lloran, porque ellos recibirán consolación.» (Mateo 5, 4)

Expone Jesús en estas palabras la oculta enseñanza de que quienes, por estar muy adelantados en su evolución, se afligen al ver las locas ambiciones de las gentes y la inutilidad de lo que se esfuerzan en lograr, serán al fin consolados y gozarán de aquella «paz que trasciende a toda comprensión», pero de la que sólo son capaces quienes descubren el reino de los cielos que está en su interior.

Prosigue diciendo el Maestro:

«Bienaventurados los mansos, porque ellos recibirán la tierra por herencia.» (Mateo 5, 5)

En estas palabras nos enseña Jesús que quienes obedezcan al Espíritu interior serán dueños de las cosas de la tierra. Frecuentemente tergiversan esta bienaventuranza los que no advierten su místico significado. La palabra «mansos» no denota la apática y servil actitud de los hipócritas esclavos de la forma, pues Jesús nunca enseñó tal cosa ni con su palabra ni con su ejemplo. Siempre se condujo como Maestro y no quiso en modo alguno que sus discípulos fueran serviles aduladores ni gemebundos suplicantes. De varios modos afirmó su Magisterio y aceptaba las muestras de respeto que se les daban, como por ejemplo cuando la Magdalena derramó sobre él la redoma de precioso ungüento. Empleó la palabra incorrectamente traducida por «mansos» en el sentido de una digna y tranquila sujeción al poder del Espíritu y la reverente sumisión a su guía, pero no en el de una hipócrita y cobarde mansedumbre respecto de las gentes. La promesa de que poseerían la tierra significa que serían dueños de las cosas temporales, es decir, que serían capaces de sobreponerse a ellas y enseñorearse de la tierra por haber entrado en el interno reino de los cielos.

«Bienaventurados los que tienen hambre y sed de justicia, porque ellos serán saciados.» (Mateo. 5, 6)

Esta es la promesa del Maestro de que quienes buscan en su interior el reino de los cielos lo hallarán, esto es, que su hambre y su sed espiritual quedarán satisfechas de la única manera posible.

«Bienaventurados los misericordiosos, porque ellos alcanzarán misericordia.» (Mateo, 5, 7)

Aquí se nos enseña la clemencia, la amabilidad, la tolerancia y la carencia de mojigatería, cuya recompensa lleva en sí misma tan armónica disposición de ánimo.

«Bienaventurados los de limpio corazón, porque ellos verán a Dios.» (Mateo 5, 8)

Aquí se nos enseña la clemencia, la amabilidad, las cosas que son puras para los limpios de corazón, y que la pureza de corazón y el reconocimiento del Dios internos nos conduce a ver a Dios en todas las cosas. Dice un antiguo sabio persa: «Quien ve a Dios en su interior lo ve en todas las cosas». Verdaderamente quien lo ve en su interior lo ve en donde en realidad está: *en todas partes.*

«Bienaventurados los pacificadores, porque ellos serán llamados hijos de Dios.» (Mateo 5, 9)

Exhorta Jesús a los discípulos a que empleen su sabiduría y poder en apaciguar las luchas suscitadas por los diversos conceptos que de Dios tienen los hombres, a fin de que entre ellos prevalezca la Verdad. El capaz de descubrir la verdad subyacente en todas las religiones y creencias llega a ser amado hijo de Dios. El capaz de demostrar que, bajo todas las fórmulas y ceremonias, bajo los nombres y títulos, bajo todos los credos y dogmas, no hay más que un solo Dios a quien toda adoración asciende, es Pacificador e Hijo de Dios.

«Bienaventurados los que padecen persecución por causa de la justicia, porque de ellos es el reino de los cielos. Bienaventurados seréis cuando por mi causa os vituperen y os persigan, y digan toda clase de mal contra vosotros, mintiendo. Gozaos y alegraos, porque vuestro galardón es grande en los cielos; porque así persiguieron a los profetas que fueron antes de vosotros.» (Mateo 5, 10-12.)

Con estas palabras trató Jesús de alentar y fortalecer a los que habían de predicar el mensaje de los venideros siglos. Y no hay más que leer los nombres de las valerosas almas que procuraron mantener viva la llama, conservar en su virginal pureza las enseñanzas, resguardándolas de la hipócrita y egoísta tergiversación y formulismo de los que ambicionaban los altos puestos de la Iglesia. La mazmorra, el tormento y la hoguera fueron su recompensa. Pero la fe que desplegaron durante las persecuciones los condujo al reconocimiento del Espíritu y así fue suyo el reino de los cielos.

«Vosotros sois la sal de la tierra; pero si la sal se desvaneciere, ¿con qué será salada? No sirve más para nada, sino para ser echada fuera y hollada por los hombres.» (Mateo 5, 13)

Amonesta Jesús a sus discípulos para que no fracasen en su misión de servir con sus pensamientos y acciones de levadura en la masa de la humanidad. El uso de la palabra «sal» en este pasaje es familiar a cuantos conocen el antiguo misticismo. Los manjares sin sal son desabridos. Los discípulos eran la sal que había de salar perfectamente a la tierra. Pero si un grano de sal perdía su virtud saladora, nada era capaz de restituírsela y sólo servía para echarlo en el montón de desechos.

La «sal» tiene por objeto sazonar, y el deber del discípulo electo es sazonar a la humanidad.

«Vosotros sois la luz del mundo; una ciudad asentada sobre un monte no se puede esconder. Ni se enciende una lámpara y se pone debajo de un almud, sino sobre el candelero, para que alumbre a todos los que están en casa. Así alumbre vuestra luz delante de los hombres, para que vean vuestras buenas obras, y glorifiquen a vuestro Padre que está en los cielos.» (Mateo 5, 14-16)

Estas palabras enseñan a los electos a difundir la recibida luz. Se les advierte que no la escondan bajo capa de convencionalismos de conducta, y se les exhorta a vivir y obrar de modo que las gentes perciban la luz del Espíritu que brilla en su interior y cuyos rayos les alumbren en el recto sendero. Quien tenga la

Luz del Espíritu encendida en su interior será capaz de encender vivamente las lámparas del entendimiento en otros hombres. Con seguridad que muchos de nuestros lectores habrán tenido la lámpara de su conocimiento encendida por los rayos del Espíritu dimanantes de algún alma por medio de la palabra hablada o la escrita o por contacto personal. ¡La espiritualidad es contagiosa! Por lo tanto, ¡difundámosla! Tal es el significado del transcrito pasaje.

«No penséis que he venido para abolir la ley o los profetas; no he venido para abolir, sino para cumplir. Os lo aseguro: mientras duren el cielo y la tierra, ni una i no dejará de estar vigente ni una tilde de la ley, hasta que todo se haya cumplido.» (Mateo 5, 17-18)

En este pasaje afirma Jesús positivamente que no enseñaba una nueva doctrina sino que había venido a proseguir la obra de sus predecesores. Afirmó con ello la validez de la Sabiduría antigua, y dijo que la ley vigente había de continuar rigiendo hasta que perecieran el cielo y la tierra, esto es, hasta el fin del presente ciclo mundial. En estas palabras manifestó Jesús su adhesión a las enseñanzas ocultas. A quienes objeten diciendo que Jesús se refería a la ley de Moisés, les replicaremos que precisamente Jesús abolió la ley de Moisés con sus formulismos y enseñanzas esotéricas, pues el cristianismo es opuesto a las prácticas judaicas. Jesús aludía a las enseñanzas esotéricas, no a los externos credos y formulismos religiosos. No vino a abrogar las antiguas enseñanzas, sino tan sólo a «cumplir», a dar un nuevo ímpetu a la Sabiduría antigua.

«De manera que cualquiera que infringiere uno de estos mandamientos muy pequeños, y así enseñe a los hombres, muy pequeño será llamado en el reino de los cielos; mas cualquiera que los haga y los enseñe, éste será llamado grande en el reino de los cielos. Porque os digo que si vuestra justicia no fuese mayor que la de los escribas y fariseos, no entraréis en el reino de los cielos.» (Mateo 5, 19-20)

Aquí Jesús precave contra la violación de las fundamentales enseñanzas ocultas y la enseñanza de falsas doctrinas, así como también ordena que se practique y enseñe la verdad, según se advierte en la referencia al reino de los cielos. Expone, además, que la «rectitud» necesaria para ganar «el reino de los cielos» es muy diferente al formulismo ceremonial y clerical de los escribas y fariseos, equivalentes hoy día a los clérigos que ejercen su ministerio como un oficio de pan llevar, y a los beatos hazañeros y mojigatos que sin sentimientos genuinamente cristianos mascullan rezos como si royeran peanas. Jesús fue siempre enemigo del estrecho formulismo que se paga de las palabras y desconoce el Espíritu. Si volviese hoy al mundo arrojaría de los templos a la horda de clérigos simoniacos e hipócritas santurrones que en su fuero interno se mofan de las cosas sagradas.

«Oísteis que fue dicho a los antiguos: *No matarás*; y cualquiera que matare será culpado del juicio. Pero yo os digo que cualquiera que se enoje contra su hermano será culpable de juicio; y cualquiera que llame "necio", a su hermano será culpable ante el concilio; y cualquiera que le llame "fatuo", quedará expuesto al infierno de fuego. Por tanto, si traes tu ofrenda al altar, y allí te acuerdas de que tu hermano tiene algo contra ti, deja allí tu ofrenda delante del altar, y anda, reconcíliate primero con tu hermano, y entonces ven y presenta tu ofrenda. Ponte de acuerdo con tu adversario pronto, entre tanto que estás con él en el camino, no sea que el adversario te entregue al juez, y el juez al alguacil, y seas echado en la cárcel. Yo te aseguro que no saldrás de allí hasta que pagues el último cuadrante.» (Mateo 5, 21-26)

Estos versículos subrayan la enseñanza de que el pecado no consiste tan sólo en las malas obras sino también en los malos pensamientos albergados en la mente y en los siniestros deseos alentados en el ánimo. Los pensamientos y deseos de siniestra índole que alimenta un individuo son la semilla y germen del pecado o del crimen, aunque no se manifiesten en acción. El deseo de matar es tan criminal como el asesinato. Esta es una oculta enseñanza comunicada a todos los candidatos a la iniciación.

«Oísteis que fue dicho: *No cometerás adulterio.* Pero yo os digo que cualquiera que mira a una mujer para codiciarla ya adulteró con ella en su corazón.

»Por tanto, si tu ojo derecho te es ocasión de caer, sácalo y échalo de ti; pues mejor te es que se pierda uno de tus miembros, y no que todo tu cuerpo sea echado al infierno. Y si tu mano derecha te es ocasión de caer, córtala, y échala de ti; pues más te conviene que se pierda uno de tus miembros, y no que todo tu cuerpo sea echado al infierno. También fue dicho: *Cualquiera que repudiare a su mujer, déle carta de divorcio.* Pero yo os digo que el que repudia a su mujer, a no ser por causa de fornicación, hace que ella adultere; y el que se casa con la repudiada, comete adulterio.» (Mateo 5, 27-32)

En este pasaje manifiesta Jesús el aborrecimiento que a todos los ocultistas adelantados les inspira el abuso de las funciones sexuales. No sólo condenó el acto sino el pensamiento que lo determina. La enseñanza oculta dice que la única función legítima del sexo es la procreación y que todo lo demás es pervertir la naturaleza. Jesús habla enérgicamente en este pasaje sobre tan importantísimo asunto. La última parte del pasaje citado es una condenación de los abusos en las relaciones conyugales, y contra el divorcio que era una cuestión muy palpitante en aquel tiempo. Recriminaba a los que inconscientemente contraían matrimonio y con la misma inconciencia los disolvían. Jesús afirmaba la santidad de la vida doméstica y el bienestar de la familia. Sus manifestaciones sobre este punto son indudablemente claras y concluyentes.

«Además habéis oído que fue dicho a los antiguos: *No perjurarás, sino cumplirás al Señor tus juramentos.*

»Mas yo os digo: No juréis en ninguna manera; ni por el cielo, porque es el trono de Dios; ni por la tierra, porque es el estrado de sus pies; ni por Jerusalén, porque es la ciudad del gran Rey. Ni por tu cabeza jurarás, porque no puedes hacer blanco o negro un solo cabello. Pero sea vuestro hablar: "Sí, sí"; "no, no"; porque lo que es más de esto, de mal procede.» (Mateo 5, 33-37)

Combate aquí Jesús la costumbre de jurar, tan arraigada a la sazón entre los judíos y otros pueblos orientales. Exhorta a la sencillez y moderación de palabra. En esto es fiel a las tradiciones ocultas que de los iniciados y neófitos exigen sencillez de pensamiento y palabra.

Oísteis que fue dicho a los antiguos: *Ojo por ojo, y diente por diente.*

Pero yo os digo: No resistáis al mal; antes, a cualquiera que te hiere en una mejilla derecha, vuélvele también la otra; y al que quiera ponerte a pleito y quitarte la túnica, déjale también la capa; y a cualquiera que te obligue a llevar carga por una milla, vé con él dos. Al que te pida dale; y al que quiera tomar de ti prestado, no se lo rehúses.» (Mateo 5, 38-42)

En este pasaje alude Jesús a la ley de resistencia, cuyo aspecto esotérico comprende todo iniciado. Esta ley rige en el plano mental y quienes la conocen saben que se refiere a la actitud mental que con respecto a los demás hombres ha de mantener el iniciado, en defensa contra toda imposición. El amor desvanece el odio y la cólera. Los nobles pensamientos prevalecen contra los siniestros.

Oísteis que fue dicho: *Amarás a tu prójimo y aborrecerás a tu enemigo.* Pero yo os digo: Amad a vuestros enemigos, bendecid a los que os maldicen, haced bien a los que os aborrecen, y orad por los que os ultrajan y os persiguen; para que seáis hijos de vuestro Padre que está en los cielos, que hace salir su sol sobre malos y buenos, y que hace llover sobre justos e injustos. Porque, si amáis a los que os aman ¿qué recompensa tendréis? ¿No hacen también lo mismo los publicanos? Y si saludáis a vuestros hermanos solamente, ¿qué hacéis de más? ¿No hacen también así los gentiles? Sed, pues, vosotros perfectos, como vuestro Padre que está en los cielos es perfecto.» (Mateo 5, 43-48)

Aquí enseña Jesús la amplia tolerancia, caridad y amor que forman parte tan importante de todas las doctrinas místicas. Es una enseñanza completamente opuesta a la clerical idea de tolerancia y favor exclusivamente para con quienes son de su bando o que se sujetan a las normas de conducta que autoritariamente les imponen. Jesús enseñó la amplísima doctrina de la confraternidad humana, y que Dios concede su amor a todos los seres, tanto justos como pecadores, y que este perfecto amor ha de ser la finalidad de cuantos quieran entrar en el reino del Espíritu.

«Guardaos de hacer vuestra justicia delante de los hombres para ser vistos de ellos; de otra manera, no tendréis merced de vuestro Padre que está en los cielos. Cuando, pues, des limosna, no hagas tocar trompeta delante de ti, como hacen los hipócritas en las sinagogas y en las calles, para ser alabados por los hombres; de cierto os digo que ya tienen su recompensa. Mas cuando tú haces limosna, no sepa tu izquierda lo que hace tu derecha, para que sea tu limosna en secreto; y tu Padre que ve en secreto te recompensará en público.» (Mateo 6, 1-4)

Esta es otra reprimenda que Jesús da a los mojigatos, santurrones y beatos de relumbrón, que abundan hoy tanto como entonces:

«Y cuando ores, no seas como los hipócritas; porque ellos gustan de orar en pie en las sinagogas y en las esquinas de las calles, para ser vistos de los hombres; de cierto os digo que ya tienen su recompensa. Mas tú, cuando ores, entra en tu aposento, y cerrada tu puerta, ora a tu Padre que está en secreto; y tu Padre, que ve en secreto, te recompensará en público. Y orando, no uséis vanas repeticiones, como gentiles, que piensan que por su palabrería serán oídos. No os hagáis, pues, semejantes a ellos; porque vuestro Padre sabe de qué cosas tenéis necesidad, antes que vosotros le pidáis.

»Vosotros, pues, oraréis así: Padre nuestro que estás en los cielos, santificado sea tu Nombre; venga tu Reino; hágase tu Voluntad así en la tierra como en el cielo. Nuestro pan cotidiano dánosle hoy; y perdónanos nuestras deudas, así como nosotros hemos perdonado a nuestros deudores; y no nos dejes caer en tentación, mas líbranos del mal.

»Porque si perdonáis a los hombres sus ofensas, os perdonará también a vosotros vuestro Padre celestial; mas si no perdonáis a los hombres sus ofensas, tampoco vuestro Padre os perdonará vuestras ofensas.» (Mateo 6, 5-15)

Aquí tenemos lo que dijo Jesús respecto de la oración. Precave contra la ostentosa exhibición de pietismo tan frecuente en las iglesias en toda época y país. Manda que nos acerquemos reverentemente al Padre sin llamar la pública atención. Después enseñó a sus discípulos la famosa oración dominical, qué comprendía un caudal de instrucciones y preceptos genuinamente religiosos. *Todo el que al recitar las palabras de esta oración las llene con el reconocimiento del Espíritu recibirá la respuesta adecuada a sus necesidades y a su perfecciona miento individual. La Oración Dominical es un arcano del Místico Mensaje.*

«Y cuando ayunéis, no seáis austeros como los hipócritas; porque ellos demudan sus rostros para mostrar a los hombres que ayunan; de cierto os digo que ya tienen su recompensa. Pero tú, cuando ayunes, unge tu cabeza y lava tu rostro, para no mostrar a los hombres que ayunas, sino a tu Padre que está en secreto; y tu Padre que ve en lo secreto te recompensará en público.» (Mateo 6,16-18)

Esta es una reconvención a los tartufos y falsos devotos que alardean de su escrupulosidad en la observancia de las formas. Jesús, como verdadero místico, detestaba toda hipocresía santurrona y no desaprovechaba ocasión de condenarla.

«No os hagáis tesoros en la tierra, donde la polilla y el orín corrompen, y donde los ladrones minan y hurtan; sino haceos tesoros en el cielo, donde ni la polilla ni el orín corrompen, y donde ladrones no minan ni hurtan. Porque donde esté vuestro tesoro, allí estará también vuestro corazón.

»La lámpara del cuerpo es el ojo; así que, si tu ojo es bueno, todo tu cuerpo estará lleno de luz; pero si tu ojo es maligno, todo tu cuerpo estará en tinieblas. Así que, si la luz que hay en ti es tinieblas, ¿cuántas no serán las mismas tinieblas?

»Ninguno puede servir a dos señores; porque aborrecerá al uno y amará al otro, o estimará al uno y menospreciará al otro. No podéis servir a Dios y a las riquezas.

»Por tanto, os digo: No os afanéis por vuestra vida, qué habéis de comer o qué habéis de beber; ni por vuestro cuerpo, qué habéis de vestir. ¿No es la vida más que el alimento y el cuerpo más que el vestido? Mirad las aves del cielo, que no siembran ni siegan ni recogen en graneros; y vuestro Padre celestial las alimenta. ¿No valéis vosotros mucho más que ellas? ¿Y quién de vosotros podrá, por mucho que se afane, añadir a su estatura un codo? Y por el vestido, ¿por qué os afanáis? Considerad los lirios del campo, cómo crecen: no trabajan ni hilan; mas os digo, que ni Salomón con toda su gloria se vistió así como uno de ellos. Y si la hierba del campo que hoy es, y mañana se echa en el horno, Dios la viste así, ¿no hará mucho mas a vosotros, hombres de poca fe? No os afanéis, pues, diciendo: ¿qué comeremos?, ¿qué beberemos? ¿o qué vestiremos? Porque los gentiles buscan todas estas cosas; pero vuestro Padre celestial sabe que tenéis necesidad de todas estas cosas. Mas buscad primeramente el reino de Dios y su justicia, y todas estas cosas os serán añadidas. Así que no os acongojéis por el día de mañana, porque el día de mañana traerá su afán. Basta a cada día su propio mal.» (Mateo 6,19-34)

Este es el pasaje más notable del Nuevo Testamento. Es la más hermosa enseñanza de Jesús de Nazaret. En ella se comprendía la oculta doctrina referente a la norma de conducta en la vida. En pocas líneas resume toda la doctrina del Karma Yoga, una de las ramas de la filosofía yogui. Es un verdadero epítome del sistema llamado *New Thought* [Nuevo pensamiento], según lo exponen sus adeptos. No es necesario leer ni estudiar las diversas filosofías que han aparecido en estos últimos años, pues nadie leerá ni estudiará ni admirará más que los preceptos de este maravilloso pasaje del Sermón de la Montaña. Cada sentencia es una joya, un cristal de la más alta filosofía mística y oculta. Podrían escribirse centenares de volúmenes en comentario a este pasaje sin agotar el tema. Enseña la doctrina de la sinceridad mental respecto del Espíritu y las cosas espirituales. Se declara la insensatez de apegarse a las cosas materiales. Pero la máxima Verdad expuesta en este pasaje es el poder de la FE. La fe es el gran secreto de toda enseñanza oculta, la clave de los íntimos misterios, que abre las puertas del Castillo del Éxito. Recomendamos a cuantos lean estas lecciones que aprendan de memoria este pasaje y hagan de él una parte de su propio ser, una norma de conducta y acción. La enseñanza que este pasaje entraña es la verdadera vida del Espíritu. Es la verdadera Luz en el Sendero para guía de los pasos de todo místico y ocultista.

No juzguéis, para que no seáis juzgados. Porque con el juicio con que juzgáis, seréis juzgados, y con la medida con que medís, os será medido. Y ¿por qué miras la paja que está en el ojo de tu hermano, y no echas de ver la viga que está en tu propio ojo? ¿O cómo dirás a tu hermano: "Déjame sacar la paja de tu ojo", teniendo la viga en el tuyo? ¡Hipócrita! Saca primero la viga de tu propio ojo, y entonces verás bien para sacar la paja del ojo de tu hermano.» (Mateo 7, 1-5)

Aquí Jesús asesta otro golpe tremendo a la mentida devoción de los fariseos y tartufos de todas las religiones, credos y cultos de toda época y país. Precave contra el orgulloso pensamiento de creerse mejor y más santo que nadie, como afectan los formalistas en su trato con las gentes. En estas imperecederas palabras lanzó Jesús a través de los siglos una áspera reprimenda contra los hipócritas juzgadores del prójimo, que pretenden sujetar a los demás a sus caprichosas normas. El Maestro repudia a muchos que se figuran o fingen creer en él.

«No deis lo santo a los perros, ni echéis vuestras perlas delante de los cerdos, no sea que las pisoteen, y se vuelvan y os despedacen.» (Mateo 7, 6)

Advierte Jesús a los iniciados que no comuniquen al vulgo sus altas doctrinas, no sea que con sus groseros instintos las estropeen y se revuelvan y despedacen a quien se las comunicó. Es una verdad atestiguada por la suerte de aquellas gloriosas almas que, desdeñándola, quisieron comunicar la Verdad a las turbas y hallaron la muerte por su imprudencia. El mismo Jesús fue víctima de la inobservancia de esta regla, pues su simpatía prevaleció contra el razonamiento.

«Pedir, y se os dará; buscad y hallaréis; llamad y se os abrirá. Porque todo aquel que pide, recibe; y el que busca, halla; y al que llama, se le abrirá. ¿¿O hay acaso alguno entre vosotros que al hijo que le pide pan, le dé una piedra? ¿O si le pide un pez, le dé una serpiente? Pues si vosotros, siendo malos, sabéis dar buenas dádivas a vuestros hijos, ¿cuánto más vuestro Padre que está en los cielos dará buenas cosas a los que le pidan? Así que, todas las cosas que queráis que los hombres hagan con vosotros, así también haced vosotros con ellos; porque esto es la ley y los profetas.» (Mateo 7, 7-12)

Tenemos en este pasaje otra ardiente exhortación a los hombres para que vivan según la luz de la fe en el Espíritu, representándoles que si no son capaces de conducirse rectamente con los demás no han de esperar que se les trate rectamente. Es la lección de siembra y cosecha, la lección de la ley del karma. Jesús es muy enérgico en sus afirmaciones. No sólo dice «haced esto y lo otro», sino que afirma terminantemente: «Esta es *la ley*». Cada cual cosecha el fruto de las acciones que sembró.

«Entrad por la puerta estrecha; porque ancha es la puerta, y espacioso el camino que lleva a perdición, y muchos son los que entran por ella; porque estrecha es la puerta, y angosto el camino que lleva a la vida, y pocos son los que la hallan.» (Mateo 7, 13-14)

Esta es la suprema enseñanza oculta. ¡Cuán pocos encuentran el camino que los conduciría al reconocimiento de su propia divinidad! Verdaderamente estrecha es la puerta y angosto el camino que conduce a la meta. Las masas van insensatamente por el anchuroso camino y pocos ven la estrecha puerta del Sendero.

«Guardaos de los falsos profetas, que vienen a vosotros con vestidos de ovejas, pero por dentro son lobos rapaces. Por sus frutos los conoceréis. ¿Acaso se recogen uvas de los espinos, o higos de los abrojos? Así, todo buen árbol lleva buenos frutos, pero el árbol malo da frutos malos. No puede el buen árbol dar malos frutos, ni el árbol malo dar frutos buenos. Todo árbol que no da buen fruto, es cortado y echado en el fuego. Así que por sus frutos los conoceréis.

»No todo el que me dice: "¡Señor!, ¡Señor!" entrará en el reino de los cielos, sino el que hace la voluntad de mi Padre que está en los cielos. Muchos me dirán en aquel día: Señor, Señor, ¿no profetizamos en tu nombre, y en tu nombre echamos fuera demonios, y en tu nombre hicimos muchos milagros?".

Y entonces les declararé: "Nunca os conocí; apartaos de mí, hacedores de maldad".» (Mateo 7, 15-23)

Notable amonestación contra el perverso uso de los poderes ocultos, contra la prostitución de los dones del Espíritu, contra la magia negra, en una palabra. Porque, como todos sabemos, las fuerzas ocultas lo mismo pueden emplearse en el mal que en el bien. Por los frutos distinguiremos el bien del mal. Quien enseña a los hombres a ser inconscientes como borregos y a creer cándidamente cuanto les dice, es un árbol que lleva mal fruto. Es un lobo disfrazado de oveja que engorda a costa del cuerpo y el alma de sus víctimas. Pero quienes enseñan a los hombres a ser hombres y aun superhombres, llevan el buen fruto del espíritu. Así no han de alucinarnos los nombres ni las palabras ni las pretensiones ni siquiera los milagros. Hemos de mirar el fruto del árbol y proceder en consecuencia.

«Cualquiera, pues, que oiga estas palabras, y las ponga en práctica, será como el hombre prudente, que edificó su casa sobre la roca. Descendió la lluvia, vinieron los ríos, soplaron los vientos, y golpearon contra aquella casa; y no cayó, porque estaba fundada sobre la roca. Pero cualquiera que oiga estas palabras y no las ponga en práctica, será como el hombre insensato que edificó su casa sobre la arena; y descendió la lluvia, vinieron los ríos, soplaron los vientos, y dieron con ímpetu en aquella casa; y cayó, y fue grande su ruina.» (Mateo 7, 24-27)

En este pasaje exhorta Jesús a todos los que leen u oyen sus palabras y dicen que son cristianos. Les ordena que se afirmen sobre la roca eterna de la Verdad, la roca de los siglos asentada en los básicos principios de la Existencia. Les advierte que no edifiquen sobre las movedizas arenas de la teología y el dogmatismo que arrastrarán las tormentas del Tiempo. El cristianismo místico está fundado sobre las eternas verdades místicas, y todavía resiste incólume las embestidas de la crítica, la oposición y el conocimiento que tantos edificios teológicos derrumbaron en el pasado y aun hoy día hacen ímpetu contra los que siguen en pie y se estremecen a su empuje. El cristianismo místico invita a la teología moderna y a la alta crítica a que lo analicen, pues sabe que corroborarán la verdad de sus fundamentales principios. El cristianismo místico conoce la identidad de la religión, la ciencia y la filosofía sin que haya conflictos entre ellas, pues son distintos nombres de una misma verdad. La Verdad es una y no puede haber más de una. Así, tanto da denominarla ciencia como filosofía o religión. Nada hay sino la Verdad; nada más existe realmente. Todo lo que no sea Verdad es maya, ilusión, nada. Y el cristianismo místico está fundado sobre la roca de la Verdad sin temor a que ni vientos ni tempestades pongan a prueba la solidez de sus edificios mentales. Como su Fundador, ha existido siempre, siempre existirá, desde el principio sin principio hasta el fin sin fin. El mismo ayer, hoy y mañana.

Ahora, lector amigo, ya que hemos recorrido juntos el Sendero del conocimiento, te diré que te he transmitido las palabras que recibí de otros que me precedieron en el Sendero. Consciente de mis limitaciones me atreví a esparcir las semillas de la Verdad con la esperanza de que algunas arraigaran en el corazón y en la mente de los lectores de este libro. Pero ahora que terminé mi labor, me entristece el pensamiento de que pocos serán aquellos en quienes la semilla germine y medre con mental y espiritual crecimiento para luego florecer y fructificar. Es la misma tristeza de todos los instructores que saben cuán inútil es gran parte de su labor, que de millares de semillas esparcidas sólo unas cuantas llegan a dar sazonados frutos. Pero cabe la compensación en el pensamiento de que uno, dos o una docena de lectores habrán recibido la semilla espiritual y la nutrirán con el mental mantillo que favorezca su florecimiento y fructificación.

«He aquí, el sembrador salió a sembrar. Y mientras sembraba, unas semillas cayeron junto al camino; y vinieron las aves y las comieron. Otras cayeron en pedregales, donde no había mucha tierra; y brotaron pronto, porque no tenían profundidad de tierra; pero salido el sol, se quemaron, y porque no tenían raíz, se secaron. Y parte cayeron entre espinos; y los espinos crecieron y las ahogaron. Pero otras cayeron en buena tierra, y dieron fruto, una ciento, otra a sesenta, y otra treinta. El que tenga oídos, que oiga.» (Mateo 13, 3-9)

Notas

1 Dice textualmente el Evangelio de San Mateo que se alimentaba de langostas y miel silvestre. Esas langostas no son, sin embrago, el crustáceo conocido por este nombre, sino su homónimo el insecto que asuela los campos y es llamado en España, vulgarmente, saltamontes [T].

2 El lector puede consultar cualquier obra de exégesis moderna para comprobar la veracidad de esta afirmación. Las láminas de los textos escolares en que aparecen los Magos adorando a un niño recién nacido en un pesebre son tan apócrifas como las otras ya mencionadas. Los Magos no tuvieron nada que ver con el pesebre, porque, según veremos más adelante, José y María se alojaron en una casa de Belén.

3 Según saben los ocultistas, este ángel fue la forma astral de uno de los Magos.

4 Era el tirso la mística varita que llevaba el iniciado y con la que el hierofante le golpeaba al conferirle la iniciación.